EL PODER DE LA CONCIENCIA

NEVILLE

Traducción de
Marcela Allen Herrera

WISDOM COLLECTION

PUBLISHING HOUSE

Wisdom Collection LLC
McKinney, Texas/75070
www.**wisdom**collection.com.

El Poder de la Conciencia / ed. Revisada
ISBN: 978-1-63934-043-9

CONTENIDOS

Deja el espejo y cambia tu cara.
Deja el mundo y cambia el concepto que tienes de ti mismo.

—NEVILLE GODDARD

CAPÍTULO 1

YO SOY

"Todas las cosas, cuando son admitidas, son manifestadas por la luz: porque todo lo manifestado está hecho por la luz".
(Efesios 5:13)

La "luz" es la conciencia. La conciencia es una, manifestándose en legiones de formas o niveles de conciencia.

No hay nadie que no sea todo lo que existe, porque la conciencia, aunque expresada en una infinita serie de niveles, no es divisional. No hay separación real o división en la conciencia. Yo Soy no puede ser dividido. Yo puedo considerarme rico, pobre, un mendigo o un ladrón, pero el centro de mi ser permanece siendo el mismo, independiente del concepto que mantengo de mí mismo. En el centro de la manifestación hay un solo Yo Soy manifestándose en legiones de formas o conceptos de sí mismo, y "Yo soy el que Soy".

Yo Soy es la autodefinición del absoluto, la fundación en la cual todo descansa. Yo Soy es la primera causa-sustancia. Yo Soy es la autodefinición de Dios.

"Yo Soy me ha enviado a ustedes"
(Éxodo 3:14)

"Yo Soy el que Soy"
(Éxodo 3:14)

"Quédate quieto y sabrás que Yo Soy Dios"
(Salmos 46:10)

Yo Soy es un sentimiento de conciencia permanente. El centro mismo de la conciencia es el sentimiento de Yo Soy. Yo puedo olvidar quien soy, dónde estoy, qué soy, pero no puedo olvidar que Yo Soy. La conciencia de ser permanece, sin importar el grado de olvido de quién, dónde y qué soy. Yo Soy es aquello que, en medio de innumerables formas, es siempre el mismo.

Este gran descubrimiento de causa revela que, bueno o malo, el individuo es realmente el árbitro de su propio destino y que el concepto que él tenga de sí mismo determina el mundo en el que él vive (y su concepto de sí mismo son sus reacciones hacia la vida). En otras palabras, si tú estás experimentando problemas de salud, sabiendo la verdad de la causa, no puedes atribuir la enfermedad a ninguna otra cosa más que a tu particular arreglo de la causa-sustancia básica, un arreglo que fue producido por tus reacciones a la vida y es definido por tu concepto "Yo estoy enfermo". Es por esto que se te ha dicho "Deja que el hombre débil diga "Yo soy fuerte" (Joel 3:10) ya que, por su asunción, la causa-sustancia —Yo Soy— es reorganizada y, por lo tanto, debe manifestar aquello que la reorganización afirma. Este principio gobierna todos los aspectos de tu vida, ya sea social, financiero, intelectual o espiritual.

Yo Soy es esa realidad a la cual, pase lo que pase, debemos volvernos para una explicación del fenómeno de la vida. Es el concepto del Yo Soy el que determina la forma y escenario de tu existencia.

Todo depende de tu actitud hacia ti mismo; aquello que no afirmes como verdadero de ti mismo no puede ser despertado en tu mundo.

Tu concepto de ti mismo, tal como: "Yo soy fuerte", "Yo soy seguro", "Yo soy amado", determina el mundo en el que vives. En otras palabras, cuando dices "Yo soy un hombre, Yo soy padre, Yo soy americano", no estás definiendo distintos Yo soy, estás definiendo conceptos o arreglos de la única causa-sustancia —el único Yo Soy. Aun en el fenómeno de la naturaleza, si el árbol pudiera hablar diría "Yo soy un árbol, un árbol de manzanas, un árbol fructífero".

Cuando sabes que la conciencia es la única realidad, concibiéndose a sí misma como siendo algo bueno, malo o indiferente y convirtiéndose en aquello que concibe ser, tú eres libre de la tiranía de las causas secundarias, libre de la creencia que hay causas fuera de tu propia mente que pueden afectar tu vida.

En el estado de conciencia del individuo es donde se encuentra la explicación del fenómeno de la vida. Si el concepto sobre sí mismo fuera diferente, todo en su mundo sería diferente. Su concepto de sí mismo siendo lo que es, entonces, todo en su mundo debe ser como es. Por lo tanto, es muy claro que hay un solo Yo Soy y que tú eres ese Yo Soy.

Y aunque Yo Soy es infinito, tú, por tu concepto de ti mismo, estás exponiendo solo un aspecto limitado de tu infinito Yo Soy.

Construyan ustedes mansiones más estables,
Oh, mi alma,
Mientras las ligeras estaciones circulan,
Abandona tu pasado de techo bajo,
Permite que cada templo nuevo,
sea más noble que el anterior,
 Te cierre desde cielo con una
doma más grande
Hasta que tú finalmente seas libre,
Dejando así tu pequeña cáscara,
Ya trascendida por el incansable mar de la vida.
(Oliver Wendell Holmes | "The Chambered Nautilus")

CAPÍTULO 2

LA CONCIENCIA

Solamente a través del cambio de conciencia, es decir, realmente cambiando el concepto de ti mismo, podrás "construir mansiones más majestuosas", las manifestaciones de conceptos cada vez más elevados (y manifestar se refiere a experimentar los resultados de estos conceptos en tu mundo).

La razón yace en el hecho de que la conciencia es la única realidad, es la primera y única causa-sustancia del fenómeno de la vida. Nada tiene existencia para el individuo, salvo a través de la conciencia que él tiene sobre ello. Por lo tanto, es a la conciencia a la que debes acudir, porque es el único fundamento por el cual el fenómeno de la vida puede ser explicado.

Si aceptamos la idea de una primera causa, esto implicaría que la evolución de esa causa nunca podría dar lugar a nada ajeno a ella misma. Es decir, si la primera causa-sustancia es luz, todas sus evoluciones, frutos y manifestaciones permanecerían siendo luz.

Siendo la primera causa-sustancia la conciencia, todas sus evoluciones, frutos y fenómenos deben seguir siendo la conciencia. Todo lo que pudiera observarse sería una forma más alta o más baja, o una variación de la misma cosa. En otras palabras, si tu conciencia es la única realidad, entonces, debe ser también la única sustancia.

En consecuencia, lo que aparece ante ti como circunstancias, condiciones e incluso objetos materiales, realmente solo son el producto de tu propia conciencia.

Por lo tanto, la naturaleza, como una cosa o un conjunto de cosas externas a tu mente, debe ser rechazada. No se puede considerar que tú y tu entorno existan por separado. Tú y tu mundo son uno.

De este modo, debes pasar de la apariencia objetiva de las cosas al centro subjetivo de las mismas, es decir, a tu conciencia, si realmente deseas conocer la causa de los fenómenos de la vida, y cómo utilizar este conocimiento para realizar tus más anhelados sueños.

En medio de aparentes contradicciones, antagonismos y contrastes de tu vida, existe solo un principio en funcionamiento, solamente tu conciencia operando.

La diferencia no consiste en una variedad de sustancia, sino en una variedad en la disposición de la misma causa-sustancia, tu conciencia.

El mundo se mueve con necesidad, sin motivo. Con esto quiero decir que no tiene un motivo propio, sino que está bajo la necesidad de manifestar tu concepto, o sea la organización de tu mente, y tu mente siempre está organizada a imagen de todo lo que crees y aceptas como verdadero.

El rico, el pobre, el mendigo o el ladrón para nada son mentes diferentes, sino diferentes arreglos de la misma mente, en el mismo sentido que un trozo de acero, cuando se magnetiza, no difiere en sustancia de su estado desmagnetizado, sino en la disposición y el orden de sus moléculas. Un solo electrón girando en una órbita determinada constituye la unidad del magnetismo. Cuando se desmagnetiza una pieza de acero o cualquier otra cosa, los electrones que giran no se han detenido. Por tanto, el magnetismo no ha dejado de existir. Solamente hay una reordenación de las partículas, de modo que no producen ningún efecto exterior o perceptible. Cuando las partículas están distribuidas al azar, mezcladas en todas las direcciones, se dice que la sustancia está desmagnetizada; pero cuando las partículas se agrupan en filas de forma que un número de ellas se orienta en una dirección, la sustancia es un imán. El magnetismo no se genera, solo se manifiesta.

La salud, la riqueza, la belleza y el genio no se crean; solo se manifiestan por la disposición de tu mente, es decir, por tu concepto de ti mismo (y tu concepto de ti mismo es todo lo que aceptas y consientes como verdadero. Lo que consientes solo puede descubrirse mediante una observación acrítica de tus reacciones ante la vida. Tus reacciones revelan dónde vives psicológicamente, y donde vives psicológicamente, determina cómo vives aquí en el mundo externo visible.)

La importancia de esto en tu vida diaria debería ser inmediatamente evidente. La naturaleza básica de la causa primaria es la conciencia. Por tanto, la sustancia última de todas las cosas es la conciencia.

CAPÍTULO 3

EL PODER DE LA ASUNCIÓN

El principal engaño o confusión de las personas es su convicción de que existen causas distintas a su propio estado de conciencia.

Todo lo que le sucede a una persona, todo lo que hace, todo lo que proviene de él, sucede como resultado de su estado de conciencia.

La conciencia del individuo es todo lo que piensa, desea y ama, todo lo que cree y consiente como verdadero. Por esta razón, es necesario un cambio de conciencia antes de que puedas cambiar tu mundo externo.

La lluvia cae como resultado de un cambio de temperatura en las regiones superiores de la atmósfera, de igual manera, un cambio de circunstancias ocurre como resultado de un cambio en tu estado de conciencia.

"Sean transformados mediante la renovación de su mente"
(Romanos 12:2)

9

Para ser transformado, debe cambiar toda la base de tus pensamientos. Pero tus pensamientos no pueden cambiar a menos que tengas nuevas ideas, ya que piensas a partir de tus ideas.

Toda transformación comienza con un deseo intenso y ferviente de ser transformado. El primer paso en la "renovación de la mente" es el deseo. Tú debes querer ser diferente (y tener la intención de serlo) antes de poder empezar a cambiarte a ti mismo.

A continuación, debes convertir tu sueño futuro en un hecho presente. Esto lo haces asumiendo el sentimiento de tu deseo cumplido. Al desear ser distinto de lo que eres, puedes crear un ideal de la persona que quieres ser y asumir que ya eres esa persona. Si se persiste en esta suposición hasta que se convierte en tu sentimiento dominante, la consecución de tu ideal es inevitable.

El ideal que deseas alcanzar está siempre listo para ser encarnado, pero a menos que tú mismo le ofrezcas una filiación humana, es incapaz de nacer. Por lo tanto, tu actitud debería ser aquella en la que, habiendo deseado expresar un estado más elevado, tú solo aceptas la tarea de encarnar este nuevo y mayor valor de ti mismo.

Al dar a luz a tu ideal, debes tener en cuenta que los métodos de conocimiento mental y espiritual son totalmente diferentes. Este es un punto que probablemente no comprenda más que una persona entre un millón.

Tú conoces una cosa mentalmente mirándola desde afuera, comparándola con otras cosas, analizándola y definiéndola (pensando en ella); en cambio, solo puedes conocer una cosa espiritualmente convirtiéndote en ella (pensando desde ella).

Tú debes ser la cosa en sí misma y no tan solo hablar de ella o mirarla. Debes ser como la polilla en busca de su ídolo —la llama— que impulsada por el verdadero deseo, sumergiéndose de inmediato en el fuego sagrado, plegó sus alas en su interior, hasta convertirse en un solo color y una sola sustancia con la llama.

Él solo conocía la llama que en ella ardía,
Y solo él podía decir quién no había regresado.
("El Lenguaje de los Pájaros" - Farid ud-Din -Attar)

Al igual que la polilla, en su deseo de conocer la llama, estaba dispuesta a destruirse a sí misma, también tú, al convertirte en una persona nueva, debes estar dispuesto a morir a tu yo actual.

Debes ser consciente de ser sano si quieres saber lo que es la salud. Debes ser consciente de ser seguro si quieres saber lo que es la seguridad. Por lo tanto, para encarnar un nuevo y mayor valor de ti mismo, debes asumir que ya eres lo que deseas ser y, a continuación, vivir por fe en esta suposición —que aún no está encarnada en el cuerpo de tu vida— en la confianza de que este nuevo valor o estado de conciencia se encarnará a través de tu absoluta fidelidad a la asunción de que ya eres aquello que deseas ser.

Esto es lo que significa la totalidad, lo que significa la integridad. Significan la sumisión de todo el ser al sentimiento del deseo cumplido con la certeza de que ese nuevo estado de conciencia es la renovación de la mente, la cual transforma.

No hay ningún orden en la naturaleza que se corresponda con esta sumisión voluntaria del yo al ideal más allá del yo. Por eso, es el colmo de la insensatez esperar que la encarnación de un nuevo y mayor concepto de sí mismo se produzca por un proceso evolutivo natural. Aquello que requiere un estado de conciencia para producir sus resultados, obviamente, no puede efectuarse sin dicho estado de conciencia. En tu habilidad de asumir el sentimiento de una vida mejor, de asumir un nuevo concepto de ti mismo, posees lo que el resto de la naturaleza no posee —imaginación— el instrumento por el cual creas tu mundo.

Tu imaginación es el instrumento, el medio, por el cual se efectúa tu redención de la esclavitud, la enfermedad y la pobreza.

Si te niegas a asumir la responsabilidad de la encarnación de un concepto nuevo y más elevado de ti mismo, entonces rechazas el medio, el único medio, por el que puede efectuarse tu redención, es decir, la obtención de tu ideal.

La imaginación es el único poder redentor del universo. Sin embargo, tu naturaleza permite que sea opcional para ti permanecer en tu actual concepto de ti mismo (un ser hambriento que anhela la libertad, la salud y la seguridad) o elegir convertirte en el instrumento de tu propia redención, imaginándote como aquello que quieres ser, y así satisfacer tu hambre y redimirte.

Oh, entonces, sé fuerte y valiente,
Puro, paciente y verdadero;
El trabajo que es tuyo,
No dejes que otra mano lo haga.
Porque la fuerza para toda necesidad es
Fielmente dada,
Desde la Fuente dentro de ti:
El Reino de Los Cielos.

CAPÍTULO 4

DESEOS

Los cambios que se producen en tu vida, como consecuencia del cambio de tu concepto de ti mismo, siempre les parecen a los no iluminados que son el resultado de la suerte, de alguna causa externa o casualidad, pero no un cambio de tu conciencia. Sin embargo, el único destino que gobierna tu vida es el destino determinado por tus propios conceptos, tus propias asunciones; porque si se persiste en una asunción, aunque sea falsa, se convertirá en un hecho.

El ideal que buscas y esperas alcanzar no se manifestará, no será realizado por ti, hasta que no imagines que ya eres ese ideal.

No hay escapatoria para ti, excepto por una transformación psicológica radical de ti mismo; excepto por tu asunción del sentimiento de tu deseo cumplido.

Por lo tanto, haz que los resultados o los logros sean la prueba crucial de tu capacidad para utilizar tu imaginación. Todo depende de tu actitud hacia ti mismo.

14

Aquello que no afirmas como verdad de ti mismo, nunca podrá ser realizado por ti, porque solo esa actitud es la condición necesaria para que realices tu objetivo.

Toda transformación se basa en la sugestión y ésta solo puede funcionar cuando te abres completamente a una influencia. Debes entregarte a tu ideal como una mujer se entrega al amor, porque la entrega total de uno mismo es el camino hacia la unión con tu ideal.

Debes asumir el sentimiento del deseo cumplido hasta que tu asunción tenga toda la vivacidad sensorial de la realidad. Debes imaginar que ya estás experimentando lo que deseas. Es decir, debes asumir el sentimiento del cumplimiento de tu deseo hasta que estés poseído por él y este sentimiento expulse todas las demás ideas de tu conciencia.

La persona que no está preparada para sumergirse conscientemente en la asunción del deseo cumplido con la fe de que es el único camino hacia la realización de su sueño, aún no está preparada para vivir conscientemente por la ley de la asunción, aunque no hay duda de que vive por la ley de la asunción inconscientemente.

Pero para ti, que aceptas este principio y estás dispuesto a vivir asumiendo conscientemente que tu deseo ya se ha cumplido, comienza la aventura de la vida.

Para alcanzar un nivel superior del ser, debes asumir un concepto superior de ti mismo. Si no te imaginas a ti mismo como algo distinto de lo que eres, entonces seguirás siendo como eres, porque:

"El que no cree que Yo soy él, morirá en sus pecados" (Juan 8:24).

Si no crees que eres él (la persona que quieres ser), entonces sigues siendo como eres. Mediante el fiel cultivo sistemático del sentimiento del deseo cumplido, el deseo se convierte en la promesa de su propia realización. La asunción del sentimiento del deseo cumplido convierte el sueño futuro en un hecho presente.

CAPÍTULO 5

LA VERDAD QUE TE HACE LIBRE

El drama de la vida es un drama psicológico, donde todas las condiciones, circunstancias y acontecimientos de tu vida se producen por tus asunciones.

Ya que tu vida está determinada por tus asunciones, te ves obligado a reconocer el hecho de que puedes ser un esclavo de tus suposiciones o su amo.

Convertirte en el amo de tus asunciones es la clave de una libertad y una felicidad jamás soñadas.

Puedes conseguir este dominio mediante el control consciente y deliberado de tu imaginación. Determina tus asunciones de esta manera:

Forma una imagen mental, una visión del estado deseado, de la persona que quieres ser. Concentra tu atención en el sentimiento de que ya eres esa persona. Primero, visualiza la imagen en tu conciencia. Luego, siente que estás dentro de ese estado, como si realmente formara el mundo que te rodea. Mediante tu imaginación, lo que era una simple imagen mental se convierte en una realidad aparentemente sólida.

El gran secreto es una imaginación controlada y una atención bien sostenida, enfocada firme y repetidamente en el objetivo que se desea alcanzar. No puedo enfatizar lo suficiente que, al crear el ideal dentro de tu esfera mental, al asumir que ya eres ese ideal, te identificas con él y de ese modo te transformas en su imagen. Debes pensar desde el ideal, en vez de pensar en el ideal. Todos los estados ya existen como "simples posibilidades" mientras pensemos en ellos, pero son poderosamente reales cuando pensamos desde ellos.

Esto fue llamado por los antiguos maestros "Someterse a la Voluntad de Dios" o "Descansar en el Señor". La única verdadera prueba de "Descansar en el Señor" es que todos aquellos que descansan se transforman inevitablemente en la imagen de aquello en lo que descansan (pensando desde el deseo cumplido).

Te transformas según tu voluntad resignada, y tu voluntad resignada es el concepto que tienes de ti mismo y de todo lo que consientes y aceptas como verdadero. Tú, asumiendo el sentimiento de tu deseo cumplido y continuando en él, tomas sobre ti los resultados de ese estado; si no asumes el sentimiento del deseo cumplido, no obtendrás los resultados.

Cuando comprendas la función redentora de la imaginación, tendrás en tus manos la clave de la solución de todos tus problemas. Cada fase de tu vida se realiza mediante el ejercicio de tu imaginación. La imaginación decidida es el único medio de tu progreso, de la realización de tus sueños. Es el principio y el fin de toda creación.

El gran secreto es una imaginación controlada y una atención bien sostenida, enfocada firme y repetidamente en el sentimiento del deseo cumplido, hasta que llene la mente y desplace todas las demás ideas fuera de la conciencia.

¿Qué otro mayor regalo se te podría haber dado, que el decirte que: "La Verdad te hará libre?" (Juan 8:32)

La Verdad que te hace libre es que puedes experimentar en la imaginación lo que deseas experimentar en la realidad, y al mantener esta experiencia en la imaginación, tu deseo se convertirá en una realidad.

Solamente estás limitado por tu imaginación incontrolada y por la falta de atención al sentimiento de tu deseo cumplido. Cuando la imaginación no está controlada y la atención no se mantiene en el sentimiento del deseo cumplido, entonces ninguna cantidad de oración o súplica o invocación producirá el efecto deseado.

Cuando puedes invocar a voluntad cualquier imagen que desees, cuando las formas de tu imaginación son tan vívidas para ti como las formas de la naturaleza, eres dueño de tu destino.

Debes dejar de gastar tus pensamientos, tu tiempo y tu dinero. Todo en la vida tiene que ser una inversión.

Visiones de belleza y esplendor,
Formas de una raza perdida hace tiempo,
Sonidos, rostros y voces,

Desde la cuarta dimensión del espacio
Y a través del universo ilimitado,
Nuestros pensamientos van como un rayo
Algunos lo llaman imaginación,
Y otros lo llaman Dios.

("El Nuevo Nombre", Dr. George W. Carey)

CAPÍTULO 6

ATENCIÓN

"El hombre de doble ánimo es inconstante en todos sus caminos"
(Santiago 1:8)

La atención es poderosa en proporción a la estrechez de su enfoque, es decir, cuando está dominada por una sola idea o sentimiento. Se estabiliza y se enfoca poderosamente solo mediante un ajuste de la mente que te permita ver una sola cosa, ya que estabilizas la atención y aumentas su poder al limitarla. El deseo que se realiza a sí mismo es siempre un deseo en el cual la atención está exclusivamente concentrada, ya que una idea está dotada con poder solo en proporción al grado de atención fijada en ella.

La observación concentrada es la actitud atenta dirigida desde algún fin específico. La actitud atenta involucra selección, ya que cuando prestas atención significa que has decidido enfocar tu atención en un objeto o estado en vez de en otro.

Por lo tanto, cuando sepas lo que quieres, debes enfocar deliberadamente tu atención en el sentimiento de tu deseo cumplido hasta que ese sentimiento llene tu mente y desplace todas las demás ideas fuera de la conciencia. El poder de la atención es la medida de tu fuerza interna. La observación concentrada en una cosa excluye todas las demás y hace que desaparezcan.

El gran secreto del éxito es enfocar la atención en el sentimiento del deseo cumplido sin permitir ninguna distracción. Todo progreso depende de un aumento de la atención. Las ideas que te impulsan a la acción son aquellas que dominan tu conciencia, aquellas que poseen tu atención. (La idea que excluye todas las demás del campo de tu atención deriva en acción).

"Una cosa hago: olvidando lo que queda atrás, prosigo hacia la meta". (Filipenses 3:13-14)

Esto significa que tú, esta única cosa puedes hacer, "olvidando aquellas cosas que quedaron atrás", puedes proseguir hacia la meta de llenar tu mente con el sentimiento del deseo cumplido.

Para el ser no-iluminado, esto parecerá ser todo fantasía, sin embargo, todo el progreso proviene de aquellos que no adoptan el punto de vista aceptado, ni aceptan el mundo tal y como es. Como ya se ha dicho, si puedes imaginar lo que quieras, y si las formas de tus pensamientos son tan vívidas como las formas de la naturaleza, por virtud del poder de tu imaginación, tú eres amo de tu destino.

Tú mismo eres tu imaginación y el mundo tal como lo ve tu imaginación es el mundo real.

Cuando te dispongas a dominar los movimientos de la atención —lo cual debe hacerse si quieres alterar con éxito el curso de los acontecimientos observados— en ese momento, te darás cuenta del poco control que ejerces sobre tu imaginación y de lo mucho que está dominada por las impresiones sensoriales y se deja llevar por las mareas de los estados de ánimo ociosos.

Para ayudarte a dominar el control de tu atención, practica este ejercicio:

Noche tras noche, justo antes de dormirte, esfuérzate por mantener tu atención en las actividades del día en orden inverso. Centra tu atención en la última cosa que hiciste, eso sería, acostarse en la cama, luego retrocede hacia atrás en el tiempo viendo todos los acontecimientos hasta que llegues al primer evento del día, salir de la cama. Este no es un ejercicio fácil, pero de la misma forma que los ejercicios específicos ayudan a desarrollar músculos específicos, esto ayudará mucho a desarrollar el "músculo" de tu atención.

Tu atención debe ser desarrollada, controlada y concentrada para que puedas cambiar exitosamente el concepto que tienes de ti mismo y así cambiar tu futuro.

La imaginación es capaz de hacer cualquier cosa, pero solo según la dirección interna de tu atención.

Si persistes noche tras noche, tarde o temprano despertarás en ti un centro de poder y te harás consciente de tu Gran Ser, el verdadero tú.

La atención se desarrolla mediante el ejercicio repetido o el hábito. A través del hábito, una acción se vuelve más fácil y así, en el transcurso del tiempo, da lugar a una habilidad o facultad, la cual puede destinarse a usos más elevados.

Cuando consigas controlar la dirección interna de tu atención, ya no te quedarás en aguas poco profundas, sino que te lanzarás a las profundidades de la vida.

Caminarás en la asunción del deseo cumplido como si estuvieras sobre una base más sólida incluso que la tierra.

CAPÍTULO 7

ACTITUD

Experimentos realizados recientemente por Merle Lawrence (Universidad Princeton) y Adelbert Ames (Universidad Darmouth) en el laboratorio de psicología en Hanover, N.H., han demostrado que lo que se ve al mirar algo no depende tanto de lo que hay allí, sino de la asunción que haces cuando miras.

Ya que lo que creemos que es el mundo físico "real" es solo un mundo "supuesto", no es de extrañar que estos experimentos demuestren que lo que parece ser una realidad sólida es en realidad el resultado de "expectativas" o "asunciones".

Tus asunciones determinan no solo lo que ves, sino también lo que haces, porque ellas gobiernan todos tus movimientos conscientes e inconscientes dirigidos hacia el cumplimiento de las mismas.

Hace más de un siglo, esta verdad fue expresada por Emerson de la siguiente manera:

"Así como el mundo era plástico y fluido en las manos de Dios, así es siempre a tantos de sus atributos cuando los traemos. Para la ignorancia y el pecado, es un pedernal. Se adaptan a ellos como pueden, pero en proporción a la divinidad que haya en el hombre, el firmamento fluye ante él y toma su sello y forma".

Tu asunción es la mano de Dios moldeando el firmamento a la imagen de lo que tú asumes. La asunción del deseo cumplido es la marea alta que te levanta fácilmente de la barra de los sentidos donde has permanecido estancado durante tanto tiempo.

Eleva la mente a la profecía, en el pleno sentido de la palabra; y si tienes esa imaginación controlada y esa atención concentrada que es posible alcanzar, puedes estar seguro de que todo lo que implica tu asunción, se hará realidad.

Cuando William Blake escribió: "Lo que parece ser es para aquellos a quienes les parece ser", solo repetía la verdad eterna.

"No hay nada inmundo en sí mismo; pero para el que piensa que algo es inmundo, para él, lo es".
(Romanos 14:14)

Porque no hay nada inmundo en sí mismo (o puro en sí mismo), debes asumir lo mejor y "Pensar solo en aquello que es amable y en todo lo que es de buen nombre" (Filipenses 4:8).

No es una visión superior, sino ignorancia de esta ley de la asunción, si lees en la grandeza de las personas alguna pequeñez con la cual puedes estar familiarizado, o una condición desfavorable en alguna situación o circunstancia. Tu relación particular hacia otro influye tu asunción con respecto a ese otro y te hace ver en él aquello que ves Si puedes cambiar tu opinión respecto a otro, entonces, lo que ahora crees de él no puede ser absolutamente cierto, sino que es solo relativamente cierto. A continuación se presenta un caso real que ilustra cómo funciona la ley de la asunción:

Un día, una diseñadora de vestuario me describió sus dificultades para trabajar con un prominente productor teatral. Ella estaba convencida de que éste criticaba y rechazaba injustamente sus mejores trabajos, y que a menudo era deliberadamente grosero e injusto con ella.

Después de escuchar su historia, le expliqué que si encontraba al otro grosero e injusto, era una señal segura de que ella misma tenía carencias, y que no era el productor, sino ella misma la que necesitaba una nueva actitud.

Le dije que el poder de esta ley de la asunción y su aplicación práctica solo podía descubrirse a través de la experiencia, y que solo asumiendo que la situación ya era como ella quería que fuera podría demostrar que era capaz de provocar el cambio deseado.

Su empleador estaba simplemente dando testimonio, diciéndole a través de su comportamiento, cuál era el concepto que ella tenía de él.

Sugerí que era muy probable que ella mantuviera conversaciones con él en su mente, llenas de críticas y recriminaciones.

No cabía duda de que ella estaba discutiendo mentalmente con el productor, ya que los otros solo hacen eco de lo que les susurramos en secreto.

Le pregunté si no era cierto que hablaba con él mentalmente, y si era así, cómo eran esas conversaciones.

Ella me confesó que cada mañana, en su camino al teatro, le decía todo lo que pensaba de él de una manera que nunca se hubiese atrevido a decirle en persona. La intensidad y la fuerza de sus discusiones mentales con él establecían automáticamente su comportamiento hacia ella.

Ella comenzó a darse cuenta de que todos mantenemos conversaciones mentales, pero que, lamentablemente, en la mayoría de las ocasiones, estas conversaciones son discusiones... que tan solo debemos observar a los transeúntes en la calle para comprobar esta afirmación... que mucha gente está mentalmente absorta en conversaciones y muy pocos parecen estar felices con ellas, pero la propia intensidad de sus sentimientos los lleva rápidamente al incidente desagradable que ellos mismos han creado mentalmente y que, por lo tanto, ahora deben enfrentar.

Cuando ella se dio cuenta de lo que había estado haciendo, aceptó cambiar su actitud y vivir esta ley fielmente, asumiendo que su trabajo era altamente satisfactorio y que su relación con el productor era muy agradable. Para ello, acordó que, antes de irse a dormir por la noche, de camino al trabajo y en otros intervalos durante el día, imaginaría que él la había felicitado por sus buenos diseños y que ella, a su vez, le había agradecido sus elogios y su amabilidad.

Para su gran sorpresa, pronto descubrió por sí misma que su propia actitud era la causa de todo lo que le ocurría.

El comportamiento de su empleador se revirtió milagrosamente. Su actitud, como siempre, haciendo eco de aquello que ella asumía, reflejaba ahora su cambiado concepto sobre él.

Lo que ella hizo fue por el poder de su imaginación. Su persistente asunción influenció su comportamiento y determinó su actitud hacia ella.

Con el pasaporte del deseo en las alas de una imaginación controlada, ella viajó hacia el futuro de su propia experiencia predeterminada. Así vemos que no son los hechos, sino aquello que creamos en nuestra imaginación, lo que da forma a nuestras vidas, ya que la mayoría de los conflictos del día se deben a la falta de un poco de imaginación para sacar la viga de nuestro propio ojo.

Es el de mente exacta y literal quien vive en un mundo ficticio.

Al igual que esta diseñadora, que mediante su imaginación controlada comenzó un sutil cambio en la mente de su empleador, nosotros también, mediante el control de nuestra propia imaginación y el sentimiento sabiamente dirigido, podemos resolver nuestros problemas.

Por la intensidad de su imaginación y sentimiento, la diseñadora sacó una especie de hechizo de la mente del productor y lo hizo pensar que sus generosos halagos se originaban en él.

A menudo, nuestros pensamientos más elaborados y originales están determinados por otro.

"Nunca estaremos seguros de que no fue alguna mujer que pisaba el lagar la que inició ese sutil cambio en la mente de los hombres, o que la pasión no comenzó en la mente de algún pastorcillo, iluminando sus ojos por un momento antes de seguir su camino".

(William Butler Yeats)

CAPÍTULO 8

RENUNCIACIÓN

No hay carbón de carácter tan muerto que no resplandezca y se encienda si se gira ligeramente.

"No resistan al que es malo; antes bien, a cualquiera que te abofetee en la mejilla derecha, vuélvele también la otra"
(Mateo 5:39)

Existe una gran diferencia entre resistirse al mal y renunciar a él. Cuando te resistes al mal, le prestas atención; sigues haciéndolo realidad. Cuando renuncias al mal, le quitas tu atención y le das tu atención a lo que quieres. Ahora es el momento de controlar tu imaginación y...

"Dar belleza en lugar de cenizas, júbilo en lugar de luto, alabanza en lugar de espíritu abatido, para que sean llamados árbol de justicia, plantío del Señor para que él sea glorificado" (Ver Isaías 61:3)

Das belleza en lugar de cenizas cuando concentras tu atención en las cosas como te gustaría que fueran en lugar de hacerlo en las cosas como son. Tú das júbilo en lugar de luto cuando mantienes una actitud alegre a pesar de las circunstancias desfavorables. Tú das alabanza en lugar de espíritu abatido cuando mantienes una actitud confiada en vez de sucumbir al desánimo.

En esta cita, la Biblia utiliza la palabra árbol como sinónimo de ser humano. Tú te conviertes en un árbol de justicia cuando los estados mentales mencionados forman parte permanente de tu conciencia. Eres un plantío del Señor cuando todos tus pensamientos son pensamientos verdaderos.

Él es "Yo Soy", como fue descrito en el capítulo uno. "Yo Soy" es glorificado cuando se manifiesta el concepto más elevado de ti mismo.

Cuando hayas descubierto que tu propia imaginación controlada es tu salvadora, tu actitud se alterará completamente sin que disminuya el sentimiento religioso, y dirás de tu imaginación controlada:

"Contempla esta vid. La encontré como un árbol silvestre, cuya fuerza desenfrenada había crecido en ramas irregulares. Pero podé la planta y creció moderadamente en su vano gasto de hojas inútiles, y se convirtió, como ves, en estos limpios racimos llenos para recompensar a la mano que la hirió sabiamente".
(Robert Southey - "Thalaba El Destructor")

Esta vid significa tu imaginación que, en su estado incontrolado, gasta su energía en pensamientos y sentimientos inútiles o destructivos. Pero tú, del mismo modo que se poda la vid cortando sus ramas y raíces inútiles, debes podar tu imaginación retirando tu atención de todas las ideas desagradables y destructivas y concentrándote en el ideal que deseas alcanzar.

La vida más noble y feliz que experimentarás será resultado de haber podado sabiamente tu propia imaginación. Sí, poda todos los pensamientos y sentimientos desagradables.

"Piensa con verdad y tus pensamientos alimentarán el hambre del mundo; habla con verdad y cada palabra tuya será una semilla fructífera; vive con verdad y tu vida será un credo grande y noble.
(Horacio Bonar - "Himnos de Fe y Esperanza".)

CAPÍTULO 9

PREPARA TU LUGAR

"Todo lo mío es tuyo, y todo lo tuyo es mío".
(Juan 17:10)

"Mete tu hoz y siega, porque la hora de segar ha llegado, pues la mies de la tierra está madura". (Apocalipsis 14:15)

Todo es tuyo. No salgas a buscar aquello que eres. Aprópiate de ello, reclámalo, asúmelo. Todo depende del concepto que tengas de ti mismo. Lo que no reclamas como verdadero de ti mismo no puede ser realizado por ti. La promesa es:

"A todo el que tiene, más se le dará, y tendrá en abundancia; pero al que no tiene, aun lo que tiene se le quitará". (Mateo 25:29; Lucas 8:18)

Aférrate firmemente en tu imaginación a todo lo que es bello y de buen nombre, porque lo bello y lo bueno son esenciales en tu vida, si ha de ser valiosa.

Asúmelo. Esto se consigue imaginando que ya eres lo que quieres ser, y que ya tienes lo que quieres tener.

"Como el hombre piensa en su corazón, así es él".
(Proverbios 23:7)

Quédate quieto y reconoce que ya eres aquello que deseas ser, y nunca tendrás que buscarlo.

A pesar de tu apariencia de libertad de acción, tú obedeces, como todo lo demás, a la ley de la asunción.

Independientemente de lo que pienses sobre el tema del libre albedrío, lo cierto es que tus experiencias a lo largo de tu vida están determinadas por tus asunciones, ya sean conscientes o inconscientes.

Una asunción construye un puente de incidentes que conducen inevitablemente al cumplimiento de sí misma.

Las personas creen que el futuro es el desarrollo natural del pasado. Pero la ley de la asunción demuestra claramente que este no es el caso. Tu asunción te sitúa psicológicamente donde no estás físicamente; luego tus sentidos te devuelven desde donde estabas psicológicamente hacia donde estás físicamente. Son estos movimientos psicológicos hacia adelante los que producen tus movimientos físicos hacia adelante en el tiempo. La precognición penetra todas las escrituras del mundo.

"En la casa de mi Padre hay muchas moradas, si no fuera así, se lo hubiera dicho; porque voy a preparar un lugar para ustedes. Y si me voy y preparo un lugar para ustedes, vendré otra vez y los tomaré conmigo; para que donde yo esté, allí estén también ustedes... Y se lo he dicho ahora, antes que suceda, para que cuando suceda, crean".
(Juan 14: 2-3; 29)

El "Yo" en estos versículos es tu imaginación que va al futuro, a una de las muchas moradas.

La morada es el estado deseado... hablar de un acontecimiento antes de que ocurra físicamente es simplemente sentirte en el estado deseado hasta que tenga el tono de la realidad.

Tú vas y preparas un lugar para ti mismo imaginándote en el sentimiento de tu deseo cumplido. Luego, pasas rápidamente de este estado del deseo cumplido —donde no has estado físicamente— de regreso hacia dónde estabas físicamente hace un momento. Entonces, con un movimiento irresistible hacia delante, avanzas a través de una serie de acontecimientos hacia la realización física de tu deseo, porque donde hayas estado en tu imaginación, allí estarás también en la carne.

"Al lugar donde los ríos fluyen, allí vuelven a fluir".
(Eclesiastés 1:7)

CAPÍTULO 10

CREACIÓN

"Yo soy Dios y no hay ningún otro. Yo declaro el fin desde el principio, y desde la antigüedad lo que no ha sido hecho".
(Isaías 46: 9-10)

La creación está terminada. La creatividad es solo una receptividad más profunda, pues todo el contenido de todo el tiempo y todo el espacio, aunque se experimenta en una secuencia temporal, en realidad, coexiste en un ahora infinito y eterno. En otras palabras, todo lo que has sido o serás, de hecho, todo lo que la humanidad fue o será, existe ahora.

Esto es lo que se entiende por creación, y la afirmación de que la creación está terminada significa que nunca hay que crear nada, solo hay que manifestarlo.

Lo que se llama creatividad es tan solo tomar conciencia de lo que ya existe. Simplemente te haces consciente de porciones cada vez mayores de lo que ya existe.

El hecho de que nunca puedas ser algo que no seas ya o experimentar algo que no exista ya, explica la experiencia de tener un agudo sentimiento de haber escuchado antes lo que se está diciendo, o de haber conocido antes a la persona que encuentras por primera vez, o haber visto anteriormente un lugar o una cosa que estás viendo por primera vez.

Toda la creación existe en ti y tu destino es ser cada vez más consciente de sus infinitas maravillas y experimentar porciones cada vez más grandes de ella.

Si la creación está terminada y todos los acontecimientos están sucediendo ahora, la pregunta que surge naturalmente en la mente es, ¿qué determina tu trayectoria temporal? Es decir, ¿qué determina los acontecimientos que encuentras? Y la respuesta es: el concepto que tienes de ti mismo.

Los conceptos son los que determinan la ruta que sigue tu atención. Veamos una buena prueba para comprobar este hecho. Asume el sentimiento de tu deseo cumplido y observa la ruta que sigue tu atención. Observarás que mientras permanezcas fiel a tu asunción, tu atención se verá confrontada con imágenes claramente relacionadas con esa asunción. Por ejemplo, si asumes que tienes un maravilloso negocio, notarás cómo en tu imaginación tu atención se enfoca en un incidente tras otro relacionado con esa asunción. Los amigos te felicitan, te dicen lo afortunado que eres. Otros se muestran envidiosos y críticos. A partir de ahí, tu atención se dirige a oficinas más grandes, a mayores saldos bancarios y a muchos otros acontecimientos similares relacionados.

La persistencia en esa asunción hará que experimentes realmente aquello que asumiste. Lo mismo ocurre con cualquier concepto.

Si el concepto que tienes de ti mismo es que eres un fracasado, encontrarás en tu imaginación toda una serie de incidentes en conformidad con ese concepto. De este modo, se ve claramente cómo tú, por el concepto que tienes de ti mismo, determinas tu presente, es decir, esa porción particular de la creación que experimentas ahora, y así también tu futuro, es decir, esa porción particular de la creación que experimentarás.

CAPÍTULO 11

INTERFERENCIA

Tú eres libre de elegir el concepto que vas a aceptar de ti mismo. Por lo tanto, posees el poder de intervención, el poder que te permite alterar el curso de tu futuro. El proceso de elevarte desde tu concepto actual a un concepto más elevado de ti mismo es el medio de todo progreso verdadero. El concepto más alto está esperando por ti para que lo encarnes en el mundo de la experiencia.

"Y a aquel que es poderoso para hacer todas las cosas mucho más abundantemente de lo que pedimos o entendemos, según el poder que obra en nosotros, a él sea la gloria".
(Efesios 3:20)

Aquel que es capaz de hacer más de lo que puedes pedir o pensar, es tu imaginación, y el poder que obra en nosotros es tu atención. Entendiendo que la imaginación es Él, que es capaz de hacer todo lo que pides, y que la atención es el poder por el que creas tu mundo, ahora puedes construir tu mundo ideal.

Imagina que eres el ideal que sueñas y deseas. Permanece atento a este estado imaginado y, tan pronto como sientas completamente que ya eres este ideal, se manifestará como realidad en tu mundo.

"Él estaba en el mundo, y el mundo fue hecho por medio de él, y el mundo no lo conoció"
(Juan 1:10)

"El misterio que había estado oculto desde los siglos... Cristo en ustedes, la esperanza de gloria".
(Colosenses 1:26,27)

Este "Él" de la primera cita, es tu imaginación. Como se ha explicado anteriormente, solo existe una sustancia. Esta sustancia es la conciencia. Es tu imaginación la que moldea esta sustancia en conceptos, los cuales se manifiestan posteriormente como condiciones, circunstancias y objetos físicos. De este modo, la imaginación ha creado tu mundo.

Las personas no son conscientes de esta verdad suprema, salvo contadas excepciones.

El misterio, Cristo en ti, al que se refiere la segunda cita, es tu imaginación, por la que se moldea tu mundo. La esperanza de gloria es ser consciente de la habilidad de elevarte eternamente hacia niveles más altos.

Cristo no se encuentra en la historia, ni en las formas externas. Solo encuentras a Cristo cuando te haces

41

consciente del hecho de que tu imaginación es el único poder redentor. Cuando se descubra esto, las "torres del dogma habrán oído las trompetas de la Verdad y, como los muros de Jericó, se derrumbarán".

CAPÍTULO 12

CONTROL SUBJETIVO

Tu imaginación es capaz de hacer todo lo que le pides en proporción al grado de tu atención. Todo el progreso y toda la realización del deseo dependen del control y la concentración de tu atención.

La atención puede ser atraída desde el exterior o dirigida desde el interior.

La atención es atraída desde el exterior cuando estás conscientemente ocupado con las impresiones externas del presente inmediato. Las líneas de esta página están atrayendo tu atención desde afuera.

Tu atención es dirigida desde adentro cuando deliberadamente eliges en qué estarás ocupado mentalmente.

Es obvio que, en el mundo objetivo, tu atención no solo es atraída por las impresiones externas, sino que se dirige constantemente hacia ellas. El control que ejerces en el estado subjetivo es casi inexistente, ya que en este estado la atención suele ser el sirviente y no el amo —el pasajero y no el navegante— de tu mundo.

Existe una enorme diferencia entre la atención dirigida objetivamente y la atención dirigida subjetivamente, y la capacidad de cambiar tu futuro depende de ésta última.

Cuando eres capaz de controlar los movimientos de tu atención en el mundo subjetivo, puedes modificar o alterar tu vida como te plazca. Pero este control no puede ser alcanzado si permites que tu atención sea atraída constantemente desde el exterior.

Cada día, fíjate en la tarea de retirar deliberadamente tu atención del mundo objetivo y de enfocarla subjetivamente. En otras palabras, concéntrate en aquellos pensamientos o estados de ánimos que deliberadamente determines. Entonces, esas cosas que ahora te limitan se desvanecerán y desaparecerán.

El día que consigas controlar los movimientos de tu atención en el mundo subjetivo, serás el amo de tu destino.

Ya no aceptarás el dominio de las condiciones o circunstancias externas. Ya no aceptarás la vida sobre la base del mundo exterior.

Habiendo obtenido el control de los movimientos de tu atención y habiendo descubierto el misterio escondido desde los siglos, que Cristo en ti es tu imaginación, afirmarás la supremacía de la imaginación y someterás todas las cosas a ella.

ACEPTACIÓN

"Las percepciones del hombre no están limitadas por los órganos de la percepción: él percibe más de lo que el sentido (aunque sea tan agudo) puede descubrir".
(William Blake)

Aunque parezca que vives en un mundo material, en realidad vives en un mundo de imaginación. Los acontecimientos externos y físicos de la vida son el fruto de tiempos de florecimiento olvidados, resultados de estados de conciencia anteriores y normalmente olvidados. Son los finales que se ajustan fielmente a los orígenes imaginativos, a menudo olvidados.

Cuando te vuelves completamente absorto en un estado emocional, en ese momento, estás asumiendo el sentimiento del estado realizado. Si persistes en ello —todo lo que te emociona intensamente— lo experimentarás en tu mundo.

Estos períodos de absorción, de atención concentrada, son los comienzos de las cosas que cosechas. En estos momentos estás ejerciendo tu poder creativo, el único poder creativo que existe. Al final de estos periodos o momentos de absorción, pasas rápidamente de estos estados imaginativos (en los que no has estado físicamente) hacia donde estabas físicamente hace un instante. En estos períodos, el estado imaginado es tan real que, cuando regresas al mundo objetivo y descubres que no es el mismo que el estado imaginado, es un verdadero impacto. En la imaginación has visto algo tan vívido, que te preguntas si ahora puedes creer en la evidencia de tus sentidos y, al igual que Keats, te preguntas:

"¿Fue una visión o un sueño despierto?
La música se ha desvanecido...
¿Estoy despierto o dormido?"

Este impacto invierte tu sentido del tiempo. Con esto quiero decir que, en lugar de que tu experiencia sea el resultado de tu pasado, ahora se convierte en el resultado de estar en la imaginación donde aún no has estado físicamente. En efecto, esto te lleva a través de un puente de incidentes hacia la manifestación física de tu estado imaginado.

Todo aquel que pueda asumir a voluntad cualquier estado que desee, ha encontrado las llaves del Reino de los Cielos. Las llaves son el deseo, la imaginación y una atención constantemente centrada en el sentimiento del deseo cumplido. Para una persona así, cualquier hecho objetivo indeseable deja de ser una realidad y el ferviente deseo deja de ser un sueño.

"Pónganme ahora a prueba en esto, dice el Señor de los ejércitos, y vean si no les abro las ventanas del cielo y derramo sobre ustedes bendición hasta que sobreabunde".
(Malaquías 3:10)

Las ventanas del cielo no pueden abrirse ni apoderarse de los tesoros mediante una fuerte voluntad, en cambio se abren por sí solas y presentan sus tesoros como un regalo gratuito —un regalo que llega cuando la absorción alcanza un grado tal que da lugar a un sentimiento de aceptación completa.

El paso desde tu estado actual al sentimiento de tu deseo cumplido, no es a través de un espacio. Existe una continuidad entre lo llamado real e irreal. Para cruzar de un estado a otro, tú simplemente extiendes tus sentidos, confías en tu tacto y entras completamente en el espíritu de lo que estás haciendo.

"No por el poder ni por la fuerza, sino por mi Espíritu, dice el Señor de los ejércitos".
(Zacarías 4:6)

Asume el espíritu, el sentimiento del deseo cumplido y habrás abierto las ventanas para recibir la bendición. Asumir un estado es entrar en el espíritu de él.

Tus triunfos serán una sorpresa solo para aquellos que no conocían tu pasaje secreto desde el estado de anhelo hasta la asunción del deseo cumplido.

El Señor de los ejércitos no responderá a tu deseo hasta que no hayas asumido el sentimiento de ya ser aquello que quieres ser, porque la aceptación es el canal de su acción. La aceptación es el Señor de los ejércitos en acción.

CAPÍTULO 14

LA MANERA FÁCIL

El principio de la "mínima acción" lo rige todo en la física, desde la trayectoria de un planeta hasta la trayectoria de un impulso de luz. La mínima acción es la mínima energía, multiplicada por el mínimo de tiempo. Por tanto, al desplazarte de tu estado actual al estado deseado, debes emplear el mínimo de energía y tardar el menor tiempo posible.

Tu viaje de un estado de conciencia a otro es un viaje psicológico, entonces, para realizar el viaje, debes emplear el equivalente psicológico de la "mínima acción" y el equivalente psicológico es la simple asunción.

El día que te des cuenta plenamente del poder de la asunción, descubrirás que funciona en total conformidad con este principio. Funciona mediante la atención, con el mínimo esfuerzo. Por lo tanto, con la mínima acción, a través de la asunción, te apresuras sin precipitarte y alcanzas tu objetivo sin esfuerzo.

Debido a que la creación está terminada, lo que deseas ya existe. Está excluido de la vista porque solo puedes ver el contenido de tu propia conciencia.

La función de una asunción es recuperar la visión excluida y restablecer la visión completa. No es el mundo, sino tus asunciones las que cambian.

La asunción trae a la vista lo invisible. No es ni más ni menos que ver con el ojo de Dios, es decir, con la imaginación.

"Porque Dios no ve como el hombre ve, pues el hombre mira la apariencia exterior, pero el Señor mira el corazón".
(1 Samuel 16:7)

El corazón es el principal órgano del sentido, de ahí que sea la primera causa de la experiencia. Cuando miras "al corazón", estás observando tus asunciones: las asunciones determinan tu experiencia.

Observa tus asunciones con total diligencia, ya que de ellas salen los asuntos de la vida. Las asunciones tienen el poder de la realización objetiva. Todo acontecimiento en el mundo visible es el resultado de una asunción o idea en el mundo invisible.

El momento presente es lo más importante, porque solo en el momento presente se pueden controlar nuestras asunciones. Si quieres aplicar sabiamente la ley de la asunción, el futuro debe convertirse en el presente en tu mente.

El futuro se convierte en el presente cuando te imaginas que ya eres aquello que serás cuando tu asunción se cumpla.

Quédate quieto (menor acción) y sabrás que ya eres aquello que deseas ser. El fin del deseo debería ser el Ser.

Traduce tu sueño en Ser. La construcción eterna de estados futuros sin la conciencia de ya serlos, es decir, imaginar tu deseo sin realmente asumir el sentimiento del deseo cumplido, es la falacia y el espejismo de la humanidad. Eso es simplemente una ensoñación inútil.

CAPÍTULO 15

LA CORONA DE LOS MISTERIOS

La asunción del deseo cumplido es el barco que te lleva a través de los mares desconocidos hacia el cumplimiento de tu sueño. La asunción lo es todo; la realización es subconsciente y sin esfuerzo.

"Asume una virtud si no la tienes".
("Hamlet" - William Shakespeare).

Actúa en la asunción de que ya posees aquello que buscas.

"Bienaventurada la que creyó, porque se cumplirá lo que le fue dicho de parte del Señor"
(Lucas 1:45)

Así como la Inmaculada Concepción es el fundamento de los misterios cristianos, la Asunción es su corona.

Psicológicamente, la Inmaculada Concepción significa el nacimiento de una idea en tu propia conciencia, sin ayuda de otro. Por ejemplo, cuando tienes un deseo específico, o una necesidad, o un anhelo concreto, es una inmaculada concepción en el sentido de que no fue ninguna persona o cosa física que la plantó en tu mente. Es autoconcebida. Cada persona es María de la Inmaculada Concepción y debe dar nacimiento a su idea.

La asunción es la corona de los misterios porque es el uso más elevado de la conciencia. Cuando en la imaginación asumes el sentimiento del deseo cumplido, te elevas mentalmente a un nivel superior.

En el momento en que, mediante tu persistencia, esta suposición se convierte en un hecho real, te encuentras automáticamente en un nivel superior (es decir, has conseguido tu deseo) en tu mundo objetivo.

Tu asunción guía todos tus movimientos conscientes y subconscientes hacia el fin sugerido de forma tan inevitable que realmente dicta los acontecimientos.

El drama de la vida es psicológico y todo está escrito y producido por tus asunciones.

Aprende el arte de la asunción, ya que solo de esta manera podrás crear tu propia felicidad.

CAPÍTULO 16

IMPOSIBILIDAD PERSONAL

La entrega de sí mismo es esencial, y esto significa la confesión de imposibilidad personal.

"Yo no puedo hacer nada por mí mismo".
(Juan 5:30)

Ya que la creación está terminada, es imposible forzar la existencia de algo. El ejemplo del magnetismo, citado anteriormente, es una buena ilustración. Tú no puedes hacer el magnetismo, solo puede ser exhibido. Tú no puedes crear la ley del magnetismo. Si quieres construir un imán, solo puedes hacerlo ajustándote a la ley del magnetismo. En otras palabras, te rindes, o te entregas a la ley.

De la misma manera, cuando utilizas la facultad de la asunción, te ajustas a una ley tan real como la ley que rige el magnetismo. Tú no puedes crear ni cambiar la ley de la asunción.

En este sentido eres impotente. Solo puedes ceder o adaptarte, y ya que todas tus experiencias son el resultado de tus asunciones (consciente o inconscientemente), el valor de utilizar conscientemente el poder de la asunción seguramente debe ser algo evidente.

Identifícate voluntariamente con aquello que más deseas, sabiendo que encontrará su expresión a través de ti. Ríndete al sentimiento del deseo cumplido y déjate consumir como su víctima, para luego elevarte como el profeta de la ley de la asunción.

CAPÍTULO 17

TODAS LAS COSAS SON POSIBLES

Es muy importante señalar que la verdad de los principios expuestos en este libro ha sido comprobada una y otra vez por las experiencias personales del autor. Durante los últimos veinticinco años, él ha aplicado estos principios y los ha comprobado exitosamente en innumerables instancias. Todos los éxitos que ha alcanzado, los atribuye a la inquebrantable asunción de que su deseo ya se ha cumplido.

Él confiaba en que sus deseos estaban predestinados a ser manifestados por estas asunciones fijas. Una y otra vez, asumía el sentimiento de su deseo cumplido y continuaba en su asunción hasta que lo que deseaba se realizaba completamente.

Vive tu vida con un sublime espíritu de confianza y determinación; ignora las apariencias, las condiciones, de hecho, toda evidencia de tus sentidos que niegue el cumplimiento de tu deseo. Descansa en la asunción de que ya eres lo que quieres ser, porque en esa determinada asunción tú y tu Ser Infinito son fusionados en unidad creativa, y con tu Ser Infinito (Dios) todas las cosas son posibles. Dios nunca falla.

"Nadie puede detener su mano, ni decirle: ¿Qué has hecho?"
(Daniel 4:35)

Mediante el dominio de tus asunciones, estarás realmente capacitado para dominar la vida. Es así como se asciende en la escalera de la vida: de este modo se realiza el ideal.

La clave del verdadero propósito de la vida es entregarte a tu ideal con tal conciencia de su realidad que empieces a vivir la vida del ideal y ya no tu propia vida como era antes de esta entrega.

"Él llama a las cosas que no se ven como si se vieran", y lo que no se ve se hace visible.

Cada asunción tiene su correspondiente mundo. Si eres verdaderamente observador, te darás cuenta del poder de tus asunciones para cambiar circunstancias que parecen totalmente inmutables. Por tus asunciones conscientes, tú determinas la naturaleza del mundo en el que vives.

Ignora el estado actual y asume el deseo cumplido. Reclámalo, él responderá. La ley de la asunción es el medio por el cual se puede realizar el cumplimiento de tus deseos.

En cada momento de tu vida, consciente o inconscientemente, estás asumiendo un sentimiento. No puedes evitar asumir un sentimiento, así como no puedes evitar comer o beber. Lo único que puedes hacer es controlar la naturaleza de tus asunciones.

De este modo, se ve claramente que el control de tu asunción es la llave que tienes ahora para una vida cada vez más amplia, más feliz y más noble.

CAPÍTULO 18

SEAN HACEDORES

"Sean hacedores de la palabra y no solamente oidores que se engañan a sí mismos. Porque si alguno es oidor de la palabra, pero no hacedor de ella, es semejante a un hombre que mira su rostro en un espejo y después de mirarse a sí mismo, se va y se olvida inmediatamente qué clase de persona es. Pero el que mira atentamente a la ley perfecta, la ley de la libertad, y permanece en ella, no habiéndose vuelto un oidor olvidadizo sino un hacedor eficaz, éste será bienaventurado en lo que hace".
(Santiago 1:22-25)

La Palabra, en este versículo, significa idea, concepto o deseo. Te engañas a ti mismo cuando eres "solamente oidor" cuando esperas que tu deseo se cumpla mediante simples ilusiones. Tu deseo es lo que quieres ser, y mirarte a ti mismo en un "espejo" es verte a ti mismo en la imaginación como esa persona.

Olvidar "qué clase de persona eres" significa no persistir en tu asunción.

La "ley perfecta de la libertad" es la ley que hace posible la liberación de la limitación, es decir, la ley de la asunción. Continuar en la ley perfecta de la libertad es persistir en la asunción de que tu deseo ya se ha cumplido.

Tú no eres un "oidor olvidadizo" cuando mantienes constantemente vivo en tu conciencia el sentimiento de que tu deseo se ha cumplido. Esto te convierte en un "hacedor de la palabra" y eres bendecido en tu acción por la inevitable realización de tu deseo.

Debes ser hacedor de la ley de la asunción, ya que sin su aplicación, ni siquiera la comprensión más profunda producirá el resultado deseado.

A través de estas páginas se reiteran y repiten con frecuencia importantes verdades básicas. En lo que respecta a la ley de la asunción —la ley que libera al individuo— esto es algo beneficioso, pues conviene aclararla una y otra vez, incluso a riesgo de sonar repetitivo.

El verdadero buscador de la verdad agradecerá esta ayuda para concentrar su atención en la ley que le hace libre.

La parábola sobre la condena del Maestro al siervo que descuidó el talento que se le dio, es muy clara e inequívoca. Habiendo descubierto en ti mismo la llave de la Casa del Tesoro, debes ser como el buen siervo que, mediante un uso sabio, multiplicó los talentos que le fueron dados. El talento que se te ha confiado es el poder de determinar conscientemente tu asunción.

El talento no utilizado, al igual que una parte del cuerpo no ejercitada, se debilita y finalmente se atrofia.

Lo que tienes que conseguir es Ser. Para poder hacer, es necesario Ser. El fin del anhelo es Ser.

Tu concepto de ti mismo solo puede ser expulsado de la conciencia mediante otro concepto de ti mismo.

Al crear un ideal en tu mente, tú puedes identificarte con él hasta que te conviertas en uno y lo mismo con tu ideal, transformándote así en él.

Lo dinámico prevalece por encima de lo estático; lo activo por encima de lo pasivo. Quien es un hacedor es magnético y, por tanto, infinitamente más creativo que quien se limita a escuchar. Tú debes estar entre los hacedores.

CAPÍTULO 19

PUNTOS ESENCIALES

Los puntos esenciales en el uso exitoso de la ley de la asunción son estos:

En primer lugar, y por encima de todo, el anhelo; el deseo intenso y ferviente. De todo corazón debes querer ser diferente de lo que eres. El deseo intenso y ferviente —combinado con la intención de hacer el bien— es el impulso de la acción, el principio de todas las actividades exitosas. En toda gran pasión que alcanza su objetivo, el deseo está concentrado y tiene intención. Primero debes desear y luego tener la intención de conseguirlo.

"Como el ciervo anhela las corrientes de agua, así suspira por ti, oh Dios, el alma mía"
(Salmos 42:1)

"Bienaventurados los que tienen hambre y sed de justicia, pues ellos serán saciados"
(Mateo 5:6)

Aquí, el alma se interpreta como la suma total de todo
lo que crees, piensas, sientes y aceptas como verdadero;
en otras palabras, tu nivel actual de conciencia, Dios, Yo
Soy, la fuente y el cumplimiento de todo deseo.
Entendido psicológicamente, Yo Soy una infinita serie de
niveles de conciencia, y Yo Soy lo que Soy, de acuerdo al
lugar que ocupe en la serie. Este pasaje describe cómo tu
nivel actual de conciencia anhela trascenderse a sí mismo.
La justicia es la conciencia de ya ser lo que deseas ser.

En segundo lugar, cultiva la inmovilidad física, una
incapacidad física similar al estado descrito por Keats en
su "Oda a un ruiseñor":

"Un pesado letargo aflige a mis sentidos,
es como si hubiera bebido cicuta"

Es un estado parecido al sueño, pero en el que sigues
teniendo el control de la dirección de la atención. Debes
aprender a inducir este estado a voluntad; la experiencia
me ha enseñado que es más fácil inducirlo luego de una
gran comida, o cuando te despiertas por la mañana
sintiéndote reacio a levantarte. Entonces estarás
naturalmente dispuesto a entrar en este estado. El valor de
la inmovilidad física se muestra en la acumulación de
fuerza mental que trae la absoluta quietud. Incrementa tu
poder de concentración.

"Quédate quieto y sabrás que Yo soy Dios"
(Salmos 46:10)

63

De hecho, las mayores energías de la mente rara vez irrumpen hasta que el cuerpo se aquieta y la puerta de los sentidos se cierra al mundo objetivo.

La tercera y última cosa que hay que hacer, es experimentar en tu imaginación lo que experimentarías en la realidad si consiguieras tu objetivo. Debes conseguirlo primero en tu imaginación, ya que la imaginación es la puerta a la realidad de aquello que buscas. Pero utiliza tu imaginación con maestría y no como un espectador que piensa en el final, sino como un participante pensando desde el final.

Imagina que posees una cualidad o algo que deseas, que hasta ahora no ha sido tuyo. Entrégate completamente a este sentimiento hasta que todo tu ser esté poseído por él. Este estado difiere del ensueño en este aspecto: es el resultado de una imaginación controlada y de una atención constante y concentrada, mientras que el ensueño es el resultado de una imaginación incontrolada, que suele ser una simple ensoñación.

En el estado controlado basta un mínimo esfuerzo para mantener tu conciencia llena del sentimiento del deseo cumplido. La inmovilidad física y mental de este estado es una poderosa ayuda para la atención voluntaria y el mayor factor del menor esfuerzo.

La aplicación de estos tres puntos:

(1) Deseo
(2) Inmovilidad física
(3) La asunción del deseo cumplido.

Este es el camino hacia la unificación con tu objetivo. El primer punto es pensar en el final deseado con la intención de realizarlo. El tercer punto es pensar desde el final con el sentimiento de haberlo cumplido. El secreto de pensar desde el final es disfrutar serlo. En el momento en que lo haces placentero, imaginándote que ya lo eres, empiezas a pensar desde el final.

Uno de los malentendidos más comunes es que se piensa que esta ley funciona solo para aquellos que tienen un objetivo devoto o religioso. Esto es una falacia. Funciona de forma tan impersonal como la ley de la electricidad.

Puede utilizarse tanto para fines codiciosos y egoístas como para fines nobles. Pero siempre hay que tener en cuenta que los pensamientos y las acciones innobles, inevitablemente, producen consecuencias desagradables.

CAPÍTULO 20

JUSTICIA

En un capítulo anterior se definió "Justicia" como la conciencia de ya ser aquello que deseas ser. Este es el verdadero significado psicológico y, evidentemente, no se refiere a la adhesión a códigos morales, a la ley civil o a los preceptos religiosos. No puedes hacer demasiado hincapié en la necesidad de ser justo. De hecho, la Biblia entera está llena de advertencias y exhortaciones respecto a este tema.

"Pon fin a tus pecados haciendo justicia"
(Daniel 4:27)

"Me aferraré a mi justicia y no la soltaré. Mi corazón no reprocha ninguno de mis días"
(Job 27:6)

"Mi justicia responderá por mí el día de mañana".
(Génesis 30:33)

Muy a menudo las palabras pecado y justicia se utilizan en la misma cita. Se trata de un contraste lógico de opuestos y adquiere un enorme significado a la luz del significado psicológico de la justicia y del significado psicológico del pecado.

Pecar significa no alcanzar el objetivo. No alcanzar tu deseo, no ser la persona que quieres ser es pecar. La justicia es la conciencia de ya ser lo que quieres ser.

Es una ley educativa inmutable que los efectos deben seguir a las causas. Solo mediante la justicia puedes ser salvado del pecado.

Existe una malinterpretación generalizada en cuanto a lo que significa "ser salvado del pecado". El siguiente ejemplo será suficiente para demostrar la malinterpretación y establecer la verdad:

Una persona que vive en la más absoluta pobreza puede creer que mediante alguna actividad religiosa o filosófica puede ser "salvada del pecado" y que su vida mejorará como consecuencia de ello. Sin embargo, si continúa viviendo en el mismo estado de pobreza, es obvio que lo que creía no era verdad y, de hecho, no se ha "salvado".

Por otro lado, puede salvarse mediante la justicia. El uso exitoso de la ley de la asunción tendría como resultado inevitable un cambio real en su vida. Ya no viviría en la pobreza. No volvería a fallar a su objetivo. Se salvaría del pecado.

"Si su justicia no supera la de los escribas y fariseos, no entrarán en el reino de los cielos"

(Mateo 5:20)

Los escribas y los fariseos son aquellos que están influenciados y gobernados por las apariencias externas, las normas y las costumbres de la sociedad en la que viven, el vano deseo de ser bien visto por los demás. A menos que se supere este estado mental, tu vida será una vida de limitación, o de fracaso en obtener tus deseos, de no alcanzar el objetivo, de pecado. Esta justicia es superada por la verdadera justicia, que es siempre la conciencia de ya ser aquello que deseas ser.

Uno de los mayores obstáculos al intentar utilizar la ley de la asunción es centrar tu atención en las cosas, en una nueva casa, un mejor trabajo, un mayor saldo bancario.

Esta no es la justicia, sin la cual "morirás en tus pecados". La justicia no es la cosa en sí; es la conciencia, el sentimiento de ya ser la persona que quieres ser, de ya tener el objeto que quieres tener.

"Pero busquen primero el Reino de Dios y su justicia, y todas estas cosas serán añadidas"
(Mateo 6:33)

El reino, toda la creación, de Dios (tu Yo Soy) está dentro de ti. La justicia es la conciencia de que ya lo posees todo.

CAPÍTULO 21

LIBRE ALBEDRÍO

A menudo se plantea la siguiente pregunta: "¿Qué hay que hacer entre la asunción del deseo cumplido y su realización?"

Nada. Es una ilusión pensar que, además de asumir el sentimiento del deseo cumplido, puedas hacer algo para ayudar a la realización de tu deseo.

Tú crees que puedes hacer algo, tú quieres hacer algo; pero realmente no puedes hacer nada. La ilusión del libre albedrío no es más que la ignorancia de la ley de la asunción, sobre la cual se basa toda acción. Todo sucede automáticamente. Todo lo que te ocurre, todo lo que haces, sucede.

Tus asunciones, conscientes o inconscientes, dirigen todo el pensamiento y la acción hacia su cumplimiento.

Comprender la ley de la asunción, convencerse de su verdad, significa deshacerse de todas las ilusiones sobre el libre albedrío de actuar. En realidad, el libre albedrío significa la libertad de seleccionar cualquier idea que desees.

Al asumir la idea ya como un hecho, se convierte en realidad. Más allá de eso, el libre albedrío termina y todo sucede en armonía con el concepto asumido.

"Yo no puedo hacer nada por mí mismo... porque no busco mi voluntad, sino la voluntad del Padre, que me envió"
(Juan 5:30)

En este versículo, evidentemente, el Padre se refiere a Dios. En un capítulo anterior, se define a Dios como Yo Soy.

Ya que la creación está terminada, el Padre nunca está en posición de decir "Yo seré". En otras palabras, todo existe y la infinita conciencia Yo Soy solo puede hablar en tiempo presente.

"No se haga mi voluntad, sino la tuya"
(Lucas 22:42)

"Yo seré" es una confesión que "Yo no soy". La voluntad del Padre es siempre "Yo Soy".

Mientras no te des cuenta de que Tú eres el Padre (solo hay un Yo Soy, y tu Ser infinito es ese Yo Soy), tu voluntad siempre será "Yo seré".

En la ley de la asunción, tu conciencia de ser es la voluntad del Padre. El simple deseo, sin esta conciencia, es "mi voluntad". Esta gran cita, tan poco comprendida, es una declaración perfecta de la ley de la asunción.

Es imposible hacer algo. Tú debes ser, para poder hacer. Si tuvieras un concepto diferente de ti mismo, todo sería diferente. Tú eres lo que eres, por lo tanto, todo es como es.

Los acontecimientos que observas están determinados por el concepto que tienes de ti mismo. Si cambias el concepto que tienes de ti mismo, los acontecimientos que te esperan en el tiempo se alteran, pero, una vez alterados, vuelven a formar una secuencia determinada, a partir del momento de este cambio de concepto. Tú eres un ser con poderes de intervención, los cuales te permiten, mediante un cambio de conciencia, alterar el curso de los acontecimientos observados, de hecho, cambiar tu futuro.

Niega la evidencia de los sentidos y asume el sentimiento de tu deseo cumplido. Ya que tu asunción es creativa y forma una atmósfera, tu asunción, si es noble, aumenta tu seguridad y te ayuda a alcanzar un nivel más elevado del ser.

Por el contrario, si tu asunción tiene un carácter negativo, te obstaculiza y hace que tu camino descendente sea más rápido. Así como las asunciones agradables crean una atmósfera armoniosa, los sentimientos duros y amargos crean una atmósfera dura y amarga.

"Todo lo que es puro, justo, amable, honesto, piensa en estas cosas" (Ver Filipenses 4:8)

Esto significa hacer de tus asunciones los conceptos más elevados, más nobles y más felices. No hay mejor momento para comenzar que ahora. El momento presente es siempre el más oportuno para eliminar todas las asunciones desagradables y concentrarse solo en lo bueno.

Reclama para los demás, al igual que para ti, su herencia divina. Mira solo su bien y lo bueno que hay en ellos. Estimula lo más elevado de los demás, a la confianza y seguridad en sí mismos, mediante tu sincera asunción de su bien, y serás su profeta y su sanador, ya que a toda asunción sostenida le espera un cumplimiento inevitable.

De esta manera, ganarás mediante la asunción lo que nunca podrás ganar por la fuerza.

Una asunción es un cierto movimiento de la conciencia. Este movimiento, como todo movimiento, ejerce una influencia en la sustancia que lo rodea causando que ésta adopte la forma, haga eco y refleje la asunción. Un cambio de fortuna es una nueva dirección y perspectiva, simplemente un cambio en la organización de la misma sustancia mental —la conciencia.

Si quieres cambiar tu vida, debes empezar en la propia fuente con tu propio concepto básico del ser.

No es suficiente el cambio externo, ser parte de organizaciones, de cuerpos políticos, de cuerpos religiosos. La causa es más profunda. El cambio esencial debe producirse en ti mismo, en tu propio concepto de ti mismo.

Debes asumir que ya eres lo que quieres ser y continuar en ello, porque la realidad de tu asunción es completamente independiente de los hechos objetivos y se vestirá en la carne si persistes en el sentimiento del deseo cumplido.

Cuando sabes que las asunciones, si se persiste en ellas, se materializan en hechos, entonces, los acontecimientos que para los no-iniciados parecen ser simples accidentes, son para ti los efectos lógicos e inevitables de tu asunción.

Lo importante es que tengas en cuenta que tienes infinito libre albedrío para elegir tus asunciones, pero no tienes ningún poder para determinar las condiciones y los acontecimientos.

Tú no puedes crear nada, pero tus asunciones determinan qué porciones de la creación vas a experimentar.

CAPÍTULO 22

PERSISTENCIA

"También les dijo: «Supongamos que uno de ustedes tiene un amigo, y a medianoche él va y le dice: "Amigo, préstame tres panes, porque un amigo mío ha llegado de viaje a mi casa, y no tengo nada que ofrecerle"; y aquel, respondiendo desde adentro, le dice: "No me molestes; la puerta ya está cerrada, y mis hijos y yo estamos acostados; no puedo levantarme para darte nada". Les digo que aunque no se levante a darle algo por ser su amigo, no obstante, por su importunidad se levantará y le dará cuanto necesite».

Así que yo les digo: pidan y se les dará; busquen y hallarán; llamen y se les abrirá"
(Lucas 11: 5-9)

Aquí encontramos tres personajes principales: tú y los dos amigos mencionados.

El primer amigo es un estado de conciencia deseado.

El segundo amigo es un deseo que busca cumplimiento.

El tres es el símbolo de la totalidad, de la terminación.
Los panes simbolizan la sustancia.

La puerta cerrada simboliza los sentidos que separan lo visible de lo invisible.

Los niños en la cama significan las ideas que están dormidas.

La incapacidad para levantarse significa que el estado de conciencia deseado no puede elevarse hacia ti, tú debes elevarte hacia él.

La importunidad significa demandar con persistencia; una especie de atrevida imprudencia.

Pedir, buscar, llamar, significan asumir la conciencia de ya tener lo que deseas.

De esta manera, las escrituras te dicen que debes persistir en elevarte hacia (asumir) la conciencia de que tu deseo ya se ha cumplido. La promesa es definitiva: si eres atrevido en tu impudencia de asumir que ya eres aquello que tus sentidos niegan, se te dará —tu deseo será obtenido.

La Biblia enseña la necesidad de la persistencia mediante el uso de muchas historias. Cuando Jacob pidió una bendición al Ángel con el que luchaba, le dijo:

"No te soltaré si no me bendices"
(Génesis 32:26).

Cuando la sunamita buscó la ayuda de Elíseo, ella dijo:

"Vive el Señor y vive su alma, que no me apartaré de usted. Entonces Eliseo se levantó y la siguió"

(2 Reyes 4:30)

La misma idea se expresa en otro pasaje:

Jesús les contó una parábola para enseñarles que ellos debían orar en todo tiempo, y no desfallecer: «Había en cierta ciudad un juez que ni temía a Dios ni respetaba a hombre alguno. También había en aquella ciudad una viuda, la cual venía a él constantemente, diciendo: "Hágame usted justicia de mi adversario". Por algún tiempo el juez no quiso, pero después dijo para sí: "Aunque ni temo a Dios, ni respeto a hombre alguno, sin embargo, porque esta viuda me molesta, le haré justicia, no sea que por venir continuamente me agote la paciencia»
(Lucas 18: 1-5)

La verdad básica que subyace en cada una de estas historias es que el deseo emerge de la conciencia del logro final y que la persistencia en mantener la conciencia de que el deseo ya se ha cumplido da lugar a su realización.

No es suficiente sentirte en el estado de la oración respondida; debes persistir en ese estado. Esa es la razón del mandato: "El hombre debe orar siempre y no desfallecer" (Lucas 18:1)

Aquí, orar significa dar gracias por ya tener aquello que deseas.

Solo la persistencia en la asunción del deseo cumplido puede provocar esos sutiles cambios en tu mente y que dan lugar al cambio deseado en tu vida. No importa si son "ángeles", "Eliseos", o "jueces reacios"; todos deben responder en armonía con tu persistente asunción.

Cuando parece que las demás personas en tu mundo no actúan contigo como te gustaría, no se debe a la renuencia por su parte, sino a la falta de persistencia en tu asunción de que tu vida ya es como quieres que sea.

Para que tu asunción sea efectiva, no puede ser un solo acto aislado, debe ser una actitud mantenida del deseo cumplido. Y esa actitud mantenida que te lleva allí, a pensar desde tu deseo cumplido en vez de pensar en tu deseo, se ve favorecida al asumir el sentimiento del deseo cumplido con frecuencia. Es la frecuencia, no la duración del tiempo, lo que lo hace natural. Aquello a lo que constantemente vuelves, constituye tu verdadero ser. La frecuente ocupación del sentimiento del deseo cumplido es el secreto del éxito.

CAPÍTULO 23

HISTORIAS DE CASOS REALES

Llegados a este punto, será muy útil citar una serie de ejemplos concretos de la aplicación exitosa de esta ley. A continuación, se presentan casos reales. En cada uno de ellos, se define claramente el problema y se describe completamente la forma en que se utilizó la imaginación para alcanzar el estado de conciencia requerido. En cada uno de estos casos, el autor de este libro estuvo involucrado personalmente o fue informado de los hechos por la persona implicada.

CASO 1

Esta es una historia con todos los detalles, con los cuales estoy personalmente familiarizado.

En la primavera de 1943, un soldado recién reclutado fue destinado a un gran campamento del ejército en

Luisiana. Él estaba intensamente deseoso de salir del ejército, pero solo de una manera completamente honorable.

La única manera de hacerlo era solicitar ser dado de baja. La solicitud requería, entonces, la aprobación de su oficial al mando para hacerse efectiva. Según el reglamento del ejército, la decisión del oficial al mando era definitiva y no podía ser apelada. El soldado, siguiendo todo el procedimiento necesario, solicitó ser dado de baja.

Dentro de las cuatro horas siguientes, esta solicitud le fue devuelta, marcada como "rechazada". Convencido de que no podía apelar la decisión a ninguna autoridad superior, militar o civil, él se volvió hacia su propia conciencia, decidido a confiar en la ley de la asunción.

El soldado comprendía que su conciencia era la única realidad, que su estado particular de conciencia determinaba los acontecimientos que iba a encontrar.

Aquella noche, en el intervalo entre el momento de acostarse y quedarse dormido, se concentró en utilizar conscientemente la ley de la asunción. En la imaginación, se sintió dentro de su departamento en la ciudad de Nueva York. Él visualizó su departamento, es decir, en el ojo de su mente realmente vio su propio departamento, imaginando mentalmente cada una de las habitaciones familiares con todo el mobiliario vívidamente real.

Con esta imagen claramente visualizada y acostado de espalda, se relajó por completo físicamente. De esta manera, indujo un estado próximo al sueño, al mismo tiempo que mantenía el control de la dirección de su atención. Cuando su cuerpo estaba completamente inmovilizado, él asumió que estaba en su propia habitación y sintió que estaba acostado en su propia cama —una sensación muy diferente a la de estar acostado en un catre del ejército.

En la imaginación, él se levantó de la cama, caminó de una habitación a otra, tocando varios muebles. Luego se dirigió a la ventana y, con las manos apoyadas en el alféizar, miró hacia la calle a la que daba su apartamento. Todo esto era tan vívido en su imaginación que vio con detalle la acera, las barandillas, los árboles y el familiar ladrillo rojo del edificio que estaba en la acera de enfrente. Luego volvió a su cama y sintió que se dormía.

Él sabía que lo más importante para utilizar con éxito esta ley era que, en el momento de quedarse dormido, su conciencia estuviera llena de la asunción de que ya era lo que quería ser. Todo lo que hacía en la imaginación se basaba en la asunción de que ya no estaba en el ejército. Noche tras noche, el soldado representaba este drama. Noche tras noche, en la imaginación, se sentía a sí mismo, honorablemente dado de baja, de vuelta en su casa, viendo todo el entorno familiar y quedándose dormido en su propia cama. Esto continuó durante ocho noches.

Durante ocho días, su experiencia objetiva continuaba siendo directamente opuesta a su experiencia subjetiva en la conciencia cada noche, antes de irse a dormir. Al noveno día, vinieron órdenes del cuartel general para que el soldado llenara una nueva solicitud para ser dado de baja.

Poco tiempo después de esto, se le ordenó reportarse en la oficina del coronel. Durante la conversación, el coronel le preguntó si todavía deseaba salir del ejército. Al recibir una respuesta afirmativa, el coronel dijo que personalmente no estaba de acuerdo, y que aunque tenía fuertes objeciones en cuanto a la aprobación de la baja, había decidido pasar por alto estas objeciones y aprobarla. A las pocas horas, la solicitud fue aprobada y el soldado, ahora civil, estaba en un tren con destino a casa.

CASO 2

Esta es la sorprendente historia de un hombre de negocios, extremadamente exitoso, demostrando el poder de la imaginación y la ley de la asunción. Conozco a esta familia íntimamente y todos los detalles me los contó el hijo que aquí se menciona.

La historia comienza cuando él tenía veinte años de edad. Él era el segundo hijo mayor de una extensa familia de nueve hermanos y una hermana. El padre era uno de los socios de un pequeño negocio de comercio. A los dieciocho años, el hermano al que se refiere esta historia dejó el país en el que vivían y viajó más de tres mil kilómetros de distancia para entrar en la universidad y completar su educación. Poco después de su primer año en la universidad, fue llamado para que regresara a casa debido a un trágico evento relacionado con el negocio de su padre. Mediante maquinaciones de sus socios, el padre no solo se vio obligado a abandonar su negocio, sino que fue objeto de falsas acusaciones que impugnaban su carácter e integridad. Al mismo tiempo, se le privó de su legítima participación en el patrimonio del negocio. El resultado fue que se encontró muy desacreditado y casi sin dinero.

Fue en estas circunstancias cuando el hijo fue llamado para que regresara a casa desde la universidad. Él volvió, con su corazón lleno de una gran resolución. Estaba decidido a tener un éxito extraordinario en los negocios. Lo primero que hicieron él y su padre fue utilizar el poco dinero que tenían para abrir su propio negocio. Arrendaron una pequeña tienda en una calle lateral, no lejos del gran negocio donde el padre había sido uno de los principales propietarios. Allí pusieron en marcha un negocio destinado a prestar un verdadero servicio a la comunidad. Poco después, el hijo, con la conciencia instintiva de que estaba destinado a funcionar, utilizó deliberadamente la imaginación para alcanzar un objetivo casi fantástico.

Todos los días, en su camino de ida y vuelta al trabajo, pasaba por delante del edificio del antiguo negocio de su padre —el mayor negocio de su clase en el país. Era uno de los edificios más grandes, con la ubicación más destacada en el corazón de la ciudad. Afuera del edificio había un enorme letrero en el que estaba pintado el nombre de la empresa con grandes letras llamativas.

Día tras día, cuando pasaba por ahí, un gran sueño tomaba forma en la mente del hijo. Él pensaba en lo maravilloso que sería que fuera su familia la que tuviera este gran edificio, que fuera su familia la que tuviera y gestionara este gran negocio.

Un día, mientras contemplaba el edificio, en su imaginación, vio un nombre completamente diferente en el enorme cartel de la entrada. Ahora las grandes letras deletreaban el nombre de su familia (en estas historias no se utilizan los nombres reales; por razones de claridad, en esta historia utilizaremos nombres hipotéticos y supondremos que el apellido del hijo era Lordard).

Donde el cartel decía F.N. Moth y Co., en la imaginación, él realmente vio el nombre, letra por letra, N. Lordard e Hijos. Él permaneció mirando al cartel con los ojos bien abiertos, imaginando que decía N. Lordard e hijos. Dos veces al día, semana tras semana, mes tras mes, durante dos años, vio el nombre de su familia sobre la fachada de aquel edificio. Estaba convencido de que si sentía con suficiente fuerza que una cosa era cierta, estaba destinada a serlo, y al ver en la imaginación el nombre de su familia en el letrero —lo que implicaba que ellos eran dueños del negocio— se convenció de que un día ellos serían los dueños.

Durante este período, solo le contó a una persona lo que estaba haciendo. Se lo confió a su madre, que con afectuosa preocupación trató de desanimarle para protegerle de lo que podría ser una gran decepción. A pesar de ello, él persistió día tras día.

Dos años después, la gran empresa fracasó y el codiciado edificio se puso en venta.

Al llegar el día de la venta, él no estaba ni un poco más cerca de ser el propietario de lo que estaba dos años antes, cuando empezó a aplicar la ley de la asunción. Durante este periodo, habían trabajado duro y sus clientes tenían una confianza implícita en ellos. Sin embargo, no habían ganado nada parecido a la cantidad de dinero necesaria para la compra de la propiedad. Tampoco tenían ninguna fuente de la que pudieran pedir prestado el capital necesario. Lo que hacía aún más remota su posibilidad de conseguirlo era el hecho de que ésta se consideraba la propiedad más deseada de la ciudad y varios empresarios ricos estaban dispuestos a comprarla. El mismo día de la venta, para su total sorpresa, un hombre, casi un completo desconocido, entró en su tienda y se ofreció a comprarles la propiedad. Debido a algunas condiciones inusuales involucradas en esta transacción, la familia del hijo no podía ni siquiera hacer una oferta por la propiedad.

Ellos pensaron que este hombre les estaba haciendo una broma. Sin embargo, este no era el caso. El hombre les explicó que los había observado durante algún tiempo, que admiraba su habilidad, creía en su integridad y que suministrarles el capital para que emprendieran un negocio a gran escala era una inversión sumamente sólida para él. Ese mismo día, la propiedad fue suya. Lo que el hijo había persistido en ver en su imaginación ahora era una realidad. El presentimiento de aquel desconocido estaba más que justificado.

En la actualidad, esta familia no solo es propietaria del negocio en particular al que se hace referencia, sino que también poseen muchas de las mayores industrias del país en el que viven.

El hijo, al ver el nombre de su familia en la entrada de este gran edificio, mucho antes de que estuviera realmente allí, estaba utilizando exactamente la técnica que produce resultados. Al asumir el sentimiento de que ya tenía lo que deseaba, haciendo que esto fuera una realidad vívida en su imaginación, mediante una determinada persistencia, independientemente de la apariencia o las circunstancias, provocó inevitablemente que su sueño se hiciera realidad.

CASO 3

Esta es la historia de un resultado muy inesperado tras una entrevista con una señora que vino a consultarme.

Una tarde, una joven abuela, una mujer de negocios de Nueva York, vino a verme. Traía consigo a su nieto de nueve años, que había venido a visitarla desde Pensilvania. En respuesta a sus preguntas, yo le expliqué la ley de la asunción, describiendo en detalle el procedimiento a seguir para alcanzar un objetivo. El niño se sentó tranquilamente, aparentemente absorto en un pequeño camión de juguete, mientras yo le explicaba a la abuela el método para asumir el estado de conciencia que le correspondería si su deseo ya se hubiera cumplido.

Le conté la historia del soldado en el campamento, que cada noche se quedaba dormido imaginando que estaba en su propia cama, en su propia casa.

Cuando el niño y su abuela ya se marchaban, él me miró con gran entusiasmo y me dijo: "Yo sé lo que quiero, y ahora sé cómo conseguirlo". Sorprendido, le pregunté qué era lo que quería; me dijo que tenía el corazón puesto en un cachorro.

Ante esto, su abuela protestó vigorosamente, diciéndole al niño que ya le habían dejado muy en claro, en repetidas ocasiones, que no podía tener un perro bajo ninguna circunstancia... que su padre y su madre no lo permitirían, que el niño era muy pequeño para cuidarlo adecuadamente, y aún más, su padre sentía un profunda aversión por los perros —realmente detestaba tener uno cerca.

El niño, profundamente deseoso de tener un perro, se negó a entender todos estos argumentos. Él dijo:

—"Ahora ya sé lo que hay que hacer. Todas las noches, cuando me vaya a dormir, voy a pretender que tengo un perro y que vamos a dar un paseo".

—"No. Eso no es lo que quiere decir el señor Neville. Esto no era para ti. No puedes tener un perro" —dijo la abuela.

Aproximadamente seis semanas después, la abuela me contó lo que para ella era una historia asombrosa. El deseo del niño de tener un perro era tan intenso que él había asimilado todo lo que yo le había dicho a su abuela sobre cómo conseguir su deseo, y creía implícitamente que por fin sabía cómo conseguir un perro.

Poniendo en práctica esta creencia, durante varias noches, el niño imaginó que un perro estaba recostado en su cama junto a él. En la imaginación, acariciaba al perro, sintiendo realmente su pelaje. Cosas como jugar con el perro y sacarlo a pasear llenaban su mente.

Dentro de unas semanas, sucedió. Un periódico de la ciudad en la que vivía el niño organizó un programa especial en relación con la "semana de la bondad hacia los animales". Se les pidió a todos los estudiantes que escribieran una redacción sobre "Por qué me gustaría tener un perro".

Después de que se presentaran y juzgaran las redacciones de todos los colegios, se anunció al ganador del concurso. El mismo niño que semanas antes en mi apartamento de Nueva York me había dicho "Ahora sé cómo conseguir un perro" fue el ganador. En una elaborada ceremonia, a la que se dio publicidad con historias y fotos en el periódico, el chico recibió un hermoso cachorrito Collie.

Al relatar esta historia, la abuela me dijo que si al niño le hubieran dado el dinero para comprar un perro, los padres se habrían negado a hacerlo y lo habrían utilizado para comprar un bono para el niño o lo hubiesen depositado en una cuenta de ahorro para él. Por otra parte, si alguien le hubiera regalado un perro al niño, lo habrían rechazado o lo habrían regalado.

Pero la manera dramática en la que el niño recibió el perro, la manera en que ganó el concurso de la ciudad, las historias y las fotos en el periódico, el orgullo del logro y la alegría del niño, todo ello se combinó para provocar un cambio en el corazón de los padres, y se encontraron haciendo lo que nunca concibieron posible: le permitieron quedarse con el perro.

La abuela me explicó todo esto y concluyó diciendo que había una clase particular de perro en la que el niño había puesto su corazón. Era un collie.

CASO 4

Esta historia fue contada por la tía de la historia a todo el público al final de una de mis conferencias.

Durante el período de preguntas que siguió a mi conferencia sobre la ley de la asunción, una señora que había asistido a muchas conferencias y había tenido consultas personales conmigo en varias ocasiones, se levantó y pidió permiso para contar una historia que ilustraba cómo había utilizado exitosamente esta ley.

Contó que, al volver a casa de la conferencia de la semana anterior, había encontrado a su sobrina angustiada y tremendamente alterada. El marido de la sobrina, que era oficial de las Fuerzas Aéreas del Ejército destinado en Atlantic City, acababa de recibir la orden de ir al servicio activo en Europa, junto con el resto de su unidad. Entre lágrimas le dijo a su tía que el motivo de su descontento era porque esperaba que su marido fuera asignado a Florida como instructor.

Ambos amaban Florida y estaban ansiosos por ser asignados allí y no separarse. Al escuchar esta historia, la tía le dijo que había solo una cosa por hacer y era aplicar inmediatamente la ley de la asunción. Ella le dijo:

—"Vamos a actualizarla. Si estuvieras realmente en Florida, ¿qué harías? Sentirías la cálida brisa. Olerías el aire salado. Sentirías los dedos de tus pies hundirse en la arena. Bueno, hagamos todo eso ahora mismo".

Se quitaron los zapatos y, apagando las luces, en la imaginación se sintieron realmente en Florida, sintiendo la brisa cálida, oliendo el aire del mar, hundiendo los dedos de los pies en la arena.

Cuarenta y ocho horas después, el marido recibió un cambio de órdenes. Sus nuevas instrucciones eran reportarse inmediatamente en Florida como instructor de la Fuerza Aérea. Cinco días después, su esposa estaba en un tren para reunirse con él. Aunque la tía, para ayudar a su sobrina a conseguir su deseo, se unió a ella para asumir el estado de conciencia requerido, no fue a Florida. Ese no era su deseo. En cambio, ése era el intenso anhelo de la sobrina.

CASO 5

Este caso es especialmente interesante por el corto intervalo de tiempo entre la aplicación de la ley de la asunción y su manifestación visible.

Una mujer muy prominente vino a mí con una gran preocupación. Ella tenía un hermoso departamento en la ciudad y una gran casa de campo; sin embargo, debido a que las numerosas exigencias que se le presentaban eran mayores que sus modestos ingresos, era absolutamente necesario arrendar su departamento para poder pasar el verano con su familia en su casa de campo.

En años anteriores, el departamento se había arrendado sin dificultad a principios de la primavera, pero el día en que acudió a mí, la temporada de alquiler de subarriendos de verano había terminado. El departamento había estado en manos de los mejores agentes inmobiliarios durante meses, pero nadie se había interesado ni siquiera en ir a verlo.

Cuando me describió su situación, le expliqué cómo podía aplicarse la ley de la asunción para resolver su problema. Le sugerí que, imaginando que el departamento ya había sido arrendado por una persona que deseaba ocuparlo inmediatamente y, asumiendo que esto ya había sucedido, su departamento sería realmente arrendado. Para crear el sentimiento de naturalidad necesario —el sentimiento de que ya era un hecho que su departamento estaba arrendado— le sugerí que, esa misma noche, se durmiera imaginándose a sí misma, no en su apartamento, sino en el lugar en el que dormiría si el apartamento fuera arrendado repentinamente. Enseguida captó la idea y dijo que en tal situación ella dormiría en su casa de campo, aunque aún no estuviera abierta para el verano.

Esta entrevista tuvo lugar el jueves. A las nueve de la mañana del sábado siguiente, me llamó por teléfono desde su casa de campo, emocionada y feliz. Me dijo que ese jueves por la noche se había quedado dormida imaginando y sintiendo que estaba durmiendo en su otra cama en la casa de campo, a muchos kilómetros de distancia del departamento de la ciudad que estaba ocupando. Al día siguiente, el viernes, un inquilino muy recomendable, que cumplía todos sus requisitos como una persona responsable, no solo arrendó el departamento, sino que lo arrendó con la condición de que pudiera ocuparlo ese mismo día.

CASO 6

Solo el uso más completo e intenso de la ley de asunción podría haber producido tales resultados en esta situación extrema.

Hace cuatro años, un amigo de nuestra familia me pidió que hablara con su hijo de veintiocho años, el cual no se esperaba que sobreviviera.

Padecía una extraña enfermedad del corazón. Esta enfermedad provocaba la desintegración del órgano. Los largos y costosos tratamientos médicos no habían servido de nada; y los médicos no daban esperanzas de recuperación. Durante mucho tiempo, el hijo había estado postrado en su cama. Su cuerpo se había reducido hasta convertirse casi en un esqueleto, y hablaba y respiraba con gran dificultad. Su esposa y dos hijos pequeños estaban en casa cuando llegué, y su esposa estuvo presente durante toda nuestra conversación.

Empecé diciéndole que solo había una solución para cualquier problema y esa solución era un cambio de actitud. Puesto que hablar lo agotaba, le pedí que asintiera con la cabeza si entendía claramente lo que yo le decía. Él aceptó hacerlo.

Le describí los hechos subyacentes a la ley de la conciencia, de hecho, que la conciencia era la única realidad. Le dije que la manera de cambiar cualquier condición era cambiar su estado de conciencia respecto a ella. Para ayudarle específicamente a asumir el sentimiento de que ya estaba recuperado, le sugerí que, en la imaginación, viera la cara del médico con una expresión de increíble asombro al comprobar que se había recuperado, contrario a todo lo imaginable en las últimas instancias de una enfermedad incurable; que le viera hacer una doble comprobación en su examen y que le oyera decir una y otra vez: "Es un milagro, es un milagro".

Él no solo entendió todo esto claramente, sino que también lo creyó implícitamente. Prometió seguir fielmente este procedimiento. Su esposa, que había estado escuchando atentamente, me aseguró que ella también utilizaría diligentemente la ley de la asunción y su imaginación de la misma manera que su marido.

Al día siguiente me embarqué hacia Nueva York, todo esto ocurrió durante unas vacaciones de invierno en el trópico.

Varios meses después, recibí una carta en la que me decían que el hijo se había recuperado milagrosamente. En mi siguiente visita, me reuní con él en persona. Se encontraba en perfecto estado de salud, activamente involucrado en sus negocios y disfrutando plenamente de las numerosas actividades sociales con sus amigos y familiares.

Me dijo que, desde el día en que me fui, nunca tuvo ninguna duda de que "eso" funcionaría. Describió cómo había seguido fielmente la sugerencia que le había hecho y día tras día había vivido completamente en la asunción de que ya estaba sano y fuerte.

Ahora, cuatro años después de su recuperación, está convencido de que la única razón por la cual él está aquí hoy se debe a que utilizó con éxito la ley de la asunción.

CASO 7

Esta historia ilustra el exitoso uso de la ley por parte de un ejecutivo de negocios de Nueva York.

En el otoño de 1950, un ejecutivo de uno de los principales bancos de Nueva York me comentó un grave problema al que se enfrentaba.

Me dijo que las perspectivas de su progreso y avance personal eran muy escasas. Habiendo alcanzado la mediana edad y sintiendo que estaba justificada una notable mejora de su posición y de sus ingresos, tuvo una conversación al respecto con sus superiores. Éstos le dijeron francamente que era imposible cualquier mejora importante y le insinuaron que, si no estaba satisfecho, podía buscar otro trabajo. Por supuesto, esto solo aumentó su malestar.

En nuestra conversación, me explicó que él no deseaba grandes cantidades de dinero, pero que quería tener un ingreso sustancial para poder mantener su hogar confortablemente y proveer para la educación de sus hijos en buenas escuelas y universidades. Esto le resultaba imposible con sus ingresos actuales. La negativa del banco de asegurarle un ascenso en un futuro próximo le produjo un sentimiento de descontento y un intenso deseo de conseguir una posición mejor y con mucho más dinero.

Me confesó que el tipo de trabajo que le gustaría más que nada en el mundo, sería uno en el que gestionara los fondos de inversión de una gran institución, como una fundación o una gran universidad.

Al explicarle la ley de la asunción, le dije que su situación actual era solo la manifestación del concepto que tenía de sí mismo y le declaré que si quería cambiar las circunstancias en las que se encontraba, podía hacerlo cambiando el concepto que tenía de sí mismo. Para provocar este cambio de conciencia y, por tanto, un cambio en su situación, le pedí que siguiera este procedimiento cada noche justo antes de dormirse: En la imaginación, debía sentir que se retiraba al final de uno de los días más importantes y exitosos de su vida. Debía imaginar que ese mismo día había cerrado un acuerdo para incorporarse a la clase de organización en la que anhelaba estar y exactamente en el puesto que deseaba.

Le sugerí que si conseguía llenar completamente su mente con este sentimiento, experimentaría una sensación definitiva de alivio. En este estado de ánimo, su malestar y descontento serían cosa del pasado. Sentiría la satisfacción que conlleva el cumplimiento del deseo. Terminé asegurándole que, si lo hacía fielmente, conseguiría inevitablemente el puesto que deseaba.

Esto ocurrió la primera semana de diciembre. Noche tras noche, sin excepción, siguió este procedimiento.

A principios de febrero, un director de una de las fundaciones más ricas del mundo le preguntó a este ejecutivo si estaría interesado en incorporarse a la fundación en calidad de ejecutivo encargado de las inversiones. Tras una breve conversación, él acepto.

Actualmente, con unos ingresos sustancialmente superiores y con la seguridad de un progreso constante, este hombre se encuentra en una posición que supera con creces todo lo que había esperado.

CASO 8

El hombre y la mujer de esta historia han asistido a mis conferencias durante varios años. Es una interesante ilustración del uso consciente de esta ley por parte de dos personas que se concentran en el mismo objetivo simultáneamente.

Este hombre y su esposa eran una pareja excepcionalmente devota. Su vida era completamente feliz y estaba totalmente libre de problemas y frustraciones.

Durante algún tiempo, habían planeado mudarse a un departamento más grande. Cuanto más pensaban en ello, más se daban cuenta de que lo que más deseaban en su corazón era vivir en un hermoso penthouse. Al discutirlo juntos, el esposo dijo que quería uno con una enorme ventana que diera a una magnífica vista. La esposa dijo que quería que una de las paredes con espejo de arriba abajo. Ambos querían tener una chimenea de leña. Y era un requisito indispensable que el departamento estuviera en Nueva York.

Durante meses buscaron en vano un apartamento de este tipo. De hecho, la situación en la ciudad era tal que conseguir cualquier tipo de apartamento era casi imposible. Eran tan escasos que no solo había listas de espera para conseguirlos, sino que había todo tipo de acuerdos especiales que incluían primas, la compra de muebles, etc. Los departamentos nuevos se arrendaban muchos antes de que estuvieran terminados, algunos de ellos se arrendaban a partir de los planos del edificio.

A principios de la primavera, después de meses de infructuosa búsqueda, finalmente encontraron uno que consideraron seriamente. Se trataba de un penthouse en un edificio que se acababa de construir, en la parte alta de la Quinta Avenida, frente a Central Park. Pero tenía un serio inconveniente. Al ser un edificio nuevo, no estaba sujeto al control de renta y la pareja consideraba que el alquiler anual era desorbitante. De hecho, era varios miles de dólares al año más de lo que habían considerado pagar.

Durante los meses de primavera de marzo y abril, continuaron mirando varios penthouses por toda la ciudad, pero siempre volvían a éste.

Finalmente, decidieron incrementar sustancialmente la cantidad que pagarían e hicieron una propuesta que el agente del edificio aceptó remitir a los propietarios para que la consideraran.

Fue entonces cuando, sin discutirlo entre ellos, cada uno decidió aplicar la ley de asunción. No fue hasta más tarde que cada uno se enteró de lo que había hecho el otro.

Noche tras noche, ambos se quedaban dormidos imaginando que estaban en el departamento que estaban considerando. El esposo, acostado y con los ojos cerrados se imaginaba que las ventanas de su dormitorio daban al parque. Se imaginaba que se acercaba a la ventana, a primera hora de la mañana, y disfrutaba de la vista. Se imaginaba a sí mismo sentado en la terraza con vista al parque, tomando unos tragos con su esposa y sus amigos, disfrutando plenamente. Él llenó su mente con el sentimiento de estar realmente en el penthouse y en la terraza. Durante todo este tiempo, sin saberlo, su esposa estaba haciendo lo mismo.

Pasaron varias semanas sin que los propietarios tomaran ninguna decisión, sin embargo, ellos siguieron imaginando cada noche, al dormirse, que realmente dormían en el penthouse.

Un día, para su completa sorpresa, uno de los empleados del edificio en el que vivían les dijo que el penthouse en su edificio estaba disponible. Se quedaron asombrados, porque su edificio era uno de los más deseados de la ciudad, con una ubicación perfecta justo en Central Park. Sabían que había una larga lista de espera de personas que intentaban conseguir un departamento en su edificio. El hecho de que un penthouse quedara disponible de forma inesperada fue mantenido en secreto por la administración, ya que no estaban en condiciones de considerar a ningún solicitante para el mismo. Al enterarse de que estaba disponible, esta pareja inmediatamente hizo una petición para que se les arrendara a ellos, pero se les dijo que era imposible. La razón era que, no solo había varias personas en lista de espera para un penthouse en el edificio, sino que, además, ya se lo habían prometido a una familia. A pesar de esto, la pareja tuvo varias reuniones con la administración, al término de las cuales el departamento finalmente fue para ellos.

Este edificio sí estaba sometido a control de rentas, por lo que el alquiler era más o menos lo que habían previsto pagar cuando empezaron a buscar un penthouse. La ubicación, el departamento en sí y la gran terraza que lo rodea por el Sur, el Oeste y el Norte superaban todas sus expectativas; y en el salón, en uno de los costados, hay un gigantesco ventanal de cuatro metros por dos metros, con una magnífica vista de Central Park; una de las paredes tiene espejos desde el suelo hasta el techo, y hay una chimenea de leña.

98

CAPÍTULO 24

FRACASO

Este libro no estaría completo sin una discusión sobre el fracaso en el intento de utilizar la ley de la asunción.

Es absolutamente posible que hayas tenido o tengas varios fracasos en este sentido —muchos de ellos en asuntos realmente importantes.

Si después de haber leído este libro, teniendo un conocimiento profundo de la aplicación y el funcionamiento de la ley de la asunción, la aplicas fielmente en un esfuerzo por alcanzar algún deseo intenso y fracasas, ¿cuál es la razón? Si, a la pregunta: "¿Persististe lo suficiente?", puedes responder "Sí", y aun así no has obtenido la realización de tu deseo, ¿cuál es la razón del fracaso?

La respuesta a esto es el factor más importante en el uso exitoso de la ley de la asunción.

El tiempo que toma tu asunción en convertirse en un hecho, en cumplirse tu deseo, es directamente proporcional a la naturalidad de tu sentimiento de ya ser lo que deseas ser —de ya tener lo que deseas.

El hecho de que no se sienta natural para ti ser aquello que imaginas ser, es el secreto de tu fracaso.

Independientemente de tu deseo, independiente de que tan fielmente e inteligentemente sigas la ley, si no sientes natural aquello que deseas ser, no lo serás. Si no sientes que es natural conseguir un trabajo mejor, no conseguirás un trabajo mejor Todo este principio se expresa vívidamente en la frase bíblica "Morirás en tus pecados" (Juan 8:24), no trasciendes de tu nivel actual al estado deseado.

¿Cómo se puede conseguir esta sensación de naturalidad? El secreto está en una palabra: imaginación. Por ejemplo, ésta es una ilustración muy sencilla: imagina que estás firmemente encadenado a un pesado banco de hierro. No podrías correr, de hecho, ni siquiera podrías caminar. En estas circunstancias, no sería natural que corrieras. Ni siquiera podrías sentir que es natural para ti correr. Pero fácilmente podrías imaginarte corriendo. En ese instante, mientras tu conciencia está llena de tu carrera imaginada, has olvidado que estás encadenado. En tu imaginación, correr era completamente natural.

El sentimiento esencial de naturalidad puede alcanzarse llenando persistentemente tu conciencia con la imaginación —imaginándote a ti mismo siendo lo que quieres ser o teniendo lo que deseas.

El progreso solo puede surgir de tu imaginación, de tu deseo de trascender tu nivel actual. Lo que realmente y literalmente debes sentir es que, con tu imaginación, todas las cosas son posibles.

Debes darte cuenta de que los cambios no se producen por capricho, sino por un cambio de conciencia. Puede que no consigas alcanzar o mantener el particular estado de conciencia necesario para producir el efecto que deseas. Pero, una vez que sabes que la conciencia es la única realidad y es el único creador de tu mundo particular, y has grabado esta verdad en todo tu ser, entonces sabes que el éxito o el fracaso están completamente en tus manos.

El hecho de que seas o no lo suficientemente disciplinado para mantener el estado de conciencia necesario en determinados casos no influye en la verdad de la ley en sí —que una asunción, si se persiste en ella, se convertirá en un hecho.

La certeza de la verdad de esta ley debe permanecer a pesar de las grandes decepciones y tragedias —aun cuando "veas que la luz de la vida se apaga y que todo el mundo sigue como si todavía fuera de día". No debes creer que, porque tu asunción no se materializó, la verdad de que las asunciones se materializan es una mentira. Si tus asunciones no se cumplen, se debe a algún error o debilidad en tu conciencia. No obstante, estos errores y debilidades pueden superarse.

Por lo tanto, avanza hacia la consecución de niveles cada vez más altos sintiendo que ya eres la persona que quieres ser. Y recuerda que el tiempo que tarda tu asunción en hacerse realidad es proporcional a la naturalidad de serlo.

"El hombre se rodea de la verdadera imagen de sí mismo. Cada espíritu construye para sí mismo una casa; y más allá de su casa, un mundo; y más allá de su mundo, un cielo. Entonces, debes saber que el mundo existe para ti. Para ti el fenómeno es perfecto. Lo que somos, solo eso podemos ver. Todo lo que tenía Adán, todo lo que podía el César, tú lo tienes y lo puedes hacer. Adán llamó a su casa, cielo y tierra. El César llamó a su casa, Roma; tú quizás llames a la tuya un oficio de zapatero, cien acres de tierra, o el desván de un intelectual. Aun así, línea por línea y punto por punto, tu dominio es tan grande como el de ellos, aunque sin un gran nombre. Construye, por tanto, tu propio mundo. Tan pronto como ajustes tu vida a la idea pura en tu mente, se desplegará su gran proporción"

(Emerson)

CAPÍTULO 25

FE

Un milagro es el nombre que le dan los que no tienen fe, a las obras de la fe.

"La fe es la certeza de lo que se espera, la convicción de lo que no se ve"
(Hebreos 11:1)

La verdadera razón de la ley de la asunción está contenida en esta cita.

Si no existiera una conciencia profunda de que lo que esperas tiene sustancia y es posible de alcanzar, sería imposible asumir la conciencia de ser o tenerlo. Lo que te hace tener esperanza es el hecho de que la creación ya está terminada y que todo ya existe —a su vez, la esperanza implica una expectativa, y sin la expectativa de éxito sería imposible utilizar conscientemente la ley de la asunción. La "evidencia" es un signo de realidad.

Por lo tanto, esta cita significa que la fe es la conciencia de la realidad de lo que asumes; una convicción de la realidad de las cosas que no ves, la percepción mental de la realidad de lo invisible.

Por consiguiente, es evidente que la falta de fe significa la incredulidad en la existencia de aquello que deseas.

Ya que aquello que experimentas es la fiel reproducción de tu estado de conciencia, la falta de fe significará el constante fracaso en cualquier uso consciente de la ley de la asunción.

En todas las épocas de la historia, la fe ha desempeñado un papel muy importante. Está presente en todas las grandes religiones del mundo, está entretejida en toda la mitología y, sin embargo, hoy en día es casi universalmente malinterpretada.

Contrariamente a la opinión popular, la eficacia de la fe no se debe a la obra de ningún agente externo. De principio a fin es una actividad de tu propia conciencia.

La Biblia está llena de muchas afirmaciones sobre la fe, de cuyo verdadero significado pocos son conscientes. He aquí algunos ejemplos típicos:

"Porque en verdad, a nosotros se nos ha anunciado la buena nueva, como también a ellos; pero la palabra que ellos oyeron no les aprovechó por no ir acompañada por la fe en los que la oyeron"
(Hebreos 4:2)

Aquí, el "nosotros" y el "ellos" deja en claro que todos escuchamos el evangelio.

"Evangelio" significa "buenas noticias". Evidentemente, una buena noticia para ti significaría que has obtenido tu deseo. Esto es siempre "predicado" por tu ser infinito. Escuchar que aquello que deseas ya existe y que solo necesitas aceptarlo en la conciencia, son buenas noticias.

"No ir acompañada por la fe" significa negar la realidad de aquello que deseas. Por lo tanto, "no les aprovechó", no hubo logro.

"¡Oh generación incrédula y perversa! ¿Hasta cuándo estaré con ustedes?"
(Mateo 17:17)

El significado de "incrédula" es bastante claro. "Perversa" significa volverse en la dirección equivocada, en otras palabras, la conciencia de no ser lo que deseas ser. Ser incrédulo, es decir, no creer en la realidad de aquello que asumes, es ser perverso.

"¿Hasta cuándo estaré con ustedes?" significa que el cumplimiento de tu deseo está condicionado a que cambies hacia el estado de conciencia correcto. Es como si aquello que deseas te estuviera diciendo que no será tuyo hasta que te vuelvas de ser incrédulo y perverso a la justicia. Como ya se ha dicho, la justicia es la conciencia de ya ser lo que deseas ser.

"Por la fe él salió de Egipto sin temer la ira del rey, porque se mantuvo firme como viendo al Invisible"
(Hebreos 11:27)

"Egipto" significa oscuridad, creencia en muchos dioses (causas). El "rey" simboliza el poder de las condiciones o circunstancias externas. "Él" es tu concepto de ti mismo como si ya fueras lo que quieres ser. "Se mantuvo firme como viendo al Invisible" significa persistir en la asunción de que tu deseo ya se ha cumplido. Por lo tanto, esta cita significa que, al persistir en la asunción de que ya eres la persona que quieres ser, te elevas por encima de toda duda, miedo y creencia en el poder de las condiciones o circunstancias externas; y tu mundo se ajusta inevitablemente a tu asunción.

Las definiciones del diccionario sobre la fe:

"El ascenso de la mente o el entendimiento de la verdad. "La adhesión inquebrantable a los principios".

Resultan tan acertadas que bien podrían haber sido escritas pensando en la ley de la asunción.

La Fe no cuestiona —la Fe sabe.

CAPÍTULO 26

DESTINO

Tu destino es aquello que inevitablemente debes experimentar. En realidad hay un número infinito de destinos individuales, cada uno de los cuales, cuando se alcanza, es el punto de partida de un nuevo destino.

Ya que la vida es infinita, el concepto de un destino último es inconcebible. Cuando comprendemos que la conciencia es la única realidad, sabemos que es el único creador. Esto significa que tu propia conciencia es la creadora de tu destino. El hecho es que tú estás creando tu destino a cada momento, lo sepas o no.

Muchas cosas buenas e incluso maravillosas han llegado a tu vida sin que tuvieras la menor idea de que eras su creador. Sin embargo, la comprensión de las causas de tu experiencia y el conocimiento de que eres el único creador de los contenidos de tu vida, tanto buenos como malos, no solo te convierten en un observador mucho más agudo de todos los fenómenos, sino que, mediante el conocimiento del poder de tu propia conciencia, intensificas tu apreciación de la riqueza y la grandeza de la vida.

Independientemente de las experiencias ocasionales en sentido contrario, tu destino es elevarte a estados de conciencia cada vez más altos y manifestar cada vez más las infinitas maravillas de la creación.

En realidad, estás destinado a alcanzar el punto en el que te das cuenta de que, a través de tu propio deseo, puedes crear conscientemente tus destinos sucesivos.

El estudio de este libro, con su detallada exposición de la conciencia y del funcionamiento de la ley de la asunción, es la llave maestra para alcanzar conscientemente tu destino más elevado.

Comienza tu nueva vida hoy mismo. Aborda cada experiencia con un nuevo estado mental —con un nuevo estado de conciencia.

Asume lo más noble y lo mejor para ti en todos los aspectos y continúa haciéndolo.

Cree: las grandes maravillas son posibles.

CAPÍTULO 27

REVERENCIA

"No aborreces nada de lo que has hecho; si hubieras odiado alguna cosa, no la habrías creado"
(Sabiduría 11:24)

En toda la creación, en toda la eternidad, en todos los reinos de tu ser infinito, el hecho más maravilloso es el que se destaca en el primer capítulo de este libro. Tú eres Dios. Tú eres el "Yo Soy el que Soy"

Tú eres la conciencia. Tú eres el creador. Este es el misterio, este es el gran secreto conocido por los sabios, los profetas y los místicos a través de los tiempos. Esta es la verdad que nunca podrás conocer intelectualmente.

¿Quién es este "Tú"? Que tú eres Juan Pérez o María Gómez, es absurdo. Es la conciencia la que sabe que eres Juan Pérez o María Gómez. Es tu Yo más grande, tu Yo más profundo, tu Ser Infinito. Llámalo como quieras. Lo importante es que está dentro de ti, es tú, es tu mundo.

Este hecho es el que subyace a la ley inmutable de la asunción. Sobre este hecho se construye tu propia existencia. Es este hecho el que constituye el fundamento de cada capítulo de este libro. No, no puedes saber esto intelectualmente, no puedes debatirlo, no puedes fundamentarlo. Solo puedes sentirlo. Solo puedes ser consciente de ello.

Al ser consciente de ello, una gran emoción invade tu ser. Vives con un permanente sentimiento de reverencia. El conocimiento de que tu creador es el propio ser de ti mismo y que nunca te habría hecho si no te hubiera amado debe llenar tu corazón de devoción, sí, de adoración.

Una mirada consciente del mundo que te rodea en cualquier instante de tiempo es suficiente para llenarte de un profundo asombro y de un sentimiento de adoración. Cuando tu sentimiento de reverencia es más intenso es cuando estás más cerca de Dios, y cuando estás más cerca de Dios, tu vida se enriquece.

Nuestros sentimientos más profundos son precisamente los que menos podemos expresar, e incluso en el acto de adoración, el silencio es nuestra mayor alabanza.

Sabiduría de Ayer, para los Tiempos de Hoy

www.ingramcontent.com/pod-product-compliance
Lightning Source LLC
Chambersburg PA
CBHW030108070426
42448CB00036B/557